歴史文化ライブラリー

96

歌舞伎の源流

諏訪春雄

吉川弘文館

目次

1　特有と源流

特有と源流──プロローグ

比較芸能史の視点

江戸の文化について論じる多くの人たちに牢固としてゆるがない信仰のような信念がある。日本文化のもっとも純粋なものが江戸時代に熟成して近代にうけつがれた、それは鎖国という体制のもとにはぐくまれた日本固有の文化である、という信念である。それは、たとえば和食であり、和服、和風建築であり、歌舞伎や人形《にんぎょう》浄瑠璃《じょうるり》であるということになる。

このような考えが成立する根底には、日本文化とは日本特有の文化であり、日本特有の文化が存在するという、これも信仰のような信念がある。

わたしは比較芸能史といわれる分野の研究に従事している。比較芸能史というとやや聞きなれないことばであるとおもわれる方も多いとおもうが、かんたんにいえば日本の芸能史を中国や朝鮮半島のそれと比較しながらみてゆこうという研究方法である。本書にも、この比較芸能史の視点が随所に採用されている。そこではっきりいえることは、日本特有の芸能などはないということである。そっくり大陸の芸能をうけつぐか、重要な構成要素を供給されて日本の芸能は形成されている。

ここから類推して、そしてわたし自身の多少の比較民俗学的調査結果をくわえていえることは、日本文化に特有なものなど存在しないということである。和食も和風建築も和服もその源流は海外にある。

特有はないといいきってはやや問題がのこるかもしれない。末端での特有は存在するが、その源流をさかのぼると特有はなくなるといったほうがより正確であろう。

この問題についてもうすこしかんがえてみよう。

日本酒と老酒

平均的な日本人に日本特有の演劇はなにかとたずねれば、中世の能や狂言、近世の歌舞伎や文楽《ぶんらく》の名をあげるであろう。この答えはただしいともいえるし、まちがっているともいえる。問題は「日本特有」ということばの解釈である。わかりやすい例でかんがえてみよう。

日本酒ということばをふつうの辞典でひくと「日本特有の酒」という説明がほどこされている。日本酒が日本特有の酒であるという認識は大多数の日本人のあいだに大手をふってまかりとおっていて、けっしてあやまりとはいえない。ところが日本酒も製造方法や誕生の過程にまでたちいると日本特有というのはあやしくなる。日本酒の製造法はむした米と米麹《こめこうじ》、水を原料として発酵させてできあがったもろみを濾過《ろか》する。これとまったくおなじ製造法をとるのが、日本では老酒《ラオチュ》の名でしたしまれている、中国の代表的な醸造酒の黄酒《ホワンチュ》である。揚子江下流域の紹興《しょうこう》・杭州・蘇州などの地方を主産地とするところから紹興酒ともよばれ、長期間熟成したものをとくに老酒といって珍重する。この黄酒は、日本酒の麹に相当する麦麹《ばくきく》、酒母《しゅぼ》（もろみのもと）に相当する酒薬にむしたもち米をまぜてしこみ、発酵させたのち、濾過して製造する。

できあがった製品の外見も味わいもまったくちがうが、むした米と麹と水の三者をまぜてもろみをつくり、発酵させて濾過するという製造方法の基本は日本酒と黄酒に差異はない。しかも、日本酒は稲作とともに中国からわたってきた製法にもとづくもので、いかに現状は異なってみえようとも、中国の黄酒とおなじ親からうまれた兄弟である可能性がつよい。朝鮮半島のマッコリ（原料は小麦粉）や法酒《ポプシュ》なども遠いむかしにわかれた同腹の兄弟かもしれない（秋山祐一『日本酒』岩波書店）。日本酒を「日本特有の酒」といえるのは、誕生の過程つまりは源流をかんがえずに、現状だけをみるからである。原形の成立事情ではなく、そののちの長い年月をかけた変容の歴史を重視するからである。

ながい変容と同化の年月に注目することもたいせつであるが、その本質を見きわめるためには、一度、源流をさかのぼってみることも必要であろう。おなじ親からうまれた兄弟や姉妹たちがそれぞれの土地でどのように成長し、どのような生活をおくっているかをしることは、あらためて自分自身を見つめなおすきっかけになるはずである。

文楽は日本特有の芸能か

能や狂言、歌舞伎や文楽を日本特有の演劇・芸能というときも事情は日本酒のばあいとおなじといってよい。能と狂言については、ほかでのべたことがあるので（『日本の祭りと芸能』吉川弘文館、一九九八年）、ここでは文楽についてかんがえてみる。

文楽は幕末から明治の人形《にんぎよう》浄瑠璃座《じようるりざ》に由来する名で、近世では人形浄瑠璃といったほうが正確なよび方である。この人形浄瑠璃の特色は三味線《しやみせん》を伴奏楽器とする浄瑠璃の語りにあわせて、人形を三人でつかうところにある。この完成した形はまさに日本特有のものであり、日本人が世界にほこることのできる伝統芸術といってよい。

しかし、日本酒のばあいとおなじように、人形浄瑠璃もその成立の過程、源流までさかのぼると、材料はすべて中国大陸からとりいれている。人形浄瑠璃の成立事情を、三味線、浄瑠璃、人形の三者にわけて説明しよう。

三味線の由来についてはー時期いろいろな説が提出されて議論をよんだが、確実なことだけをいえば、中国の三弦《サンシエン》が琉球につたえられて蛇皮線《じゃびせん》の三線《サンシン》となり、それがさらに十六世紀後半に泉州（大阪）の堺《さかい》につたえられて改良された。

浄瑠璃については通常つぎのように説明されている。

日本音楽の一種目。平曲《へいきょく》・謡曲《ようきょく》・説教などを源流とした語物。現代では三味線を伴奏に使い、台詞《せりふ》と旋律によって物語を進めていく音曲の総称。義太夫節《ぎだゆうぶし》の異称でもある……起源はさだかでないが、一五三一年（享禄四）連歌師《れんがし》宗長は静岡で座頭に「浄瑠璃をうたはせ」た（『宗長手記』）。また伊勢の神官荒木田守武は、一五四〇年（天文九）の『守武千句』で浄瑠璃を題材に詠んでいる。こうした資料に基づき、一八八〇年（明治十三）に修史館一等編集官の重野安繹《しげのやすつぐ》は、浄瑠璃の成立時期を足利義政から義晴の間（一四五三〜一五四六）とみなした。初期の物語は、三河国（愛知県）矢作《やはぎ》の長者の娘浄瑠璃と牛若丸の『浄瑠璃物語』で、これから浄瑠璃という名称が生まれたといわれている……演じるときは、扇を開いて左手に持ち、右手の爪先で骨と地紙をかき鳴らして拍子をとったと、竹本義太夫は『鸚鵡《おうむ》ケ杣《そま》』(一七一一)に記している。(「浄瑠璃」『日本大百科全書』小学館)

「台詞と旋律によって物語を進めていく音曲」という定義の「台詞」とある部分がややあいまいである。演劇用語としての「台詞」には「役者が劇中ではなすことば」という意味がべつにあるからである。ここは「ことばと旋律によって……」となおしたほうがよいだろう。いずれにしても、日本国内の資料で源流をもとめると、中世の平曲・謡曲・説教(経)にまでしかさかのぼれないということがこの説明からあきらかになるが、その認識はただしいのだろうか。

平曲は『平家物語』を琵琶《びわ》にあわせ、曲節をつけてかたるものであり、鎌倉時代の初期に盲人の生仏《しょうぶつ》が声明《しょうみょう》などの先行音曲の曲節を集大成したといわれている。浄瑠璃に平曲に由来するとみられる曲節があるので、平曲を浄瑠璃の源流の一つとみる説がまったくなりたたないわけではないが、浄瑠璃が琵琶を伴奏楽器にすることはなかったし、最初の作品の『浄瑠璃物語』は『平家物語』と直接の関係はない。

謡曲と浄瑠璃との関わりはもっとうすい。謡曲は語り物の要素がまったくないわけではないが、むしろ旋律を重視する歌い物の性格がつよいし、伴奏楽器の種類も豊富で総合音楽劇として完成されている。社会的地位の上昇をねがった近世中期の浄瑠璃太夫たち、宇《う》治《じ》加《か》賀掾《がのじょう》や竹本義太夫が謡曲との関係をつよく主張して接近をはかったが、成立期の浄瑠璃は謡曲とかなり異質である。

　長編の語り物であり、神仏の霊験を中心テーマとし、旋律が単純であるなど、浄瑠璃ともっともちかい関係にあったのは説経である。のちに人形や三味線とむすびついて人形芝居となる点でも両者は共通する。

　説経の源流は、僧侶が仏教の経典や教義を民衆にといた説教の行為にあったとされている。ことばにふしをつけて話芸風に口演し芸能化して民間人のなかにはいりこんだものが説経であるとされているが、この理解は基本的にはあやまっていない。ただ、説経は三味線とむすびつくまえは、ささら、鉦《かね》、鞨鼓《かっこ》などを伴奏楽器としており、素朴に扇の骨をかき鳴らしていた浄瑠璃とは大きくちがっていた。

　このようにみてくると、浄瑠璃を平曲、説経、さらに幸若《こうわか》舞曲《ぶきょく》などと直線的な系列関係で理解することには無理がありそうである。むしろ、中世という時代に多様な語り物文芸がいっせいにうまれてきた事情をどのように説明したらよいのかという問いにこたえることがたいせつになってくる。

日本の人形浄瑠璃は大陸芸能の影響下に生まれた

日本の中世は中国大陸から宗教や民俗信仰、芸能が大量にはいりこんできた時代である。もっとも顕著なあらわれは、中国仏教の影響下に、浄土宗・浄土真宗・臨済宗・曹洞宗・日蓮宗などの鎌倉新仏教が誕生したことであろうが、それだけにとどまらず、民俗信仰や民俗芸能の分野でも大陸から影響をつよくうけていた。その一端についてはべつにあきらかにしたことがある（『日本の祭りと芸能』前掲）。わたしは、中世の語り物文芸の誕生にも、おなじように大陸からの刺激があったとかんがえている。

中国の語り物文芸の母胎になったのが変文《へんぶん》である。唐代の仏教の寺で僧侶たちが一般人にむけて教義をわかりやすくといた俗講の場でもちいられた唱導《しょうどう》文芸が変文である。仏教では経典を正常＝本とし、補助の絵画・音楽・俗説などを変＝変異といった。変文は経典をとくための補助の文体という意味になる。この種の俗講の場では主講の僧が正面にすわり、かたわらの補助の僧たちがうたったり音楽を演奏したりした。ときには仏の故事をえがいた絵図をかけたりした。この絵を変相《へんそう》とよんだ。

変文の特色は、語りと歌、韻文と散文、文語と俗語がくみあわされていることである。

仏教故事、歴史故事、民間伝説、現実生活などが縦横にとりこまれ、しかも唱導の過程で自由に脚色がくわえられ、寺院だけではなく、変文語りを職業とする民間の芸人もあらわれて、中国の語り物文芸の巨大な体系をつくりあげることになった。変文は七世紀末葉の初唐時代に誕生し、唐代中葉には空前の流行をむかえたが、十一世紀のはじめ宋の真宗《しんそう》の時代に僧侶が変文をかたることを禁止されて、表面的には姿をけした。しかし、のちの語り物や戯曲に大きな影響をあたえ、宋代の説経、元代から清代にかけては、宣巻《せんかん》としてよみがえった（『中国大百科全書』戯曲曲芸、中国文学1、2、中国大百科全書出版社、参照）。

説経は宋の時代の遊芸場で仏教故事をかたりきかすことをいい、日本の説経（浄瑠璃）という特殊な用語はこの語からきている。説経はのちに宣巻ということばにとってかわられる。そして説経や宣巻のテキストを宝巻《ほうかん》といった。説経や宣巻の内容も変文とおなじように、仏教故事にかぎられず、神仙道教の話や民間故事、世俗説話などが自由にとりいれられた。このような大陸の宋代から清代の民間唱導文芸の動向が日本に波及して、中世から近世にかけての語り物文芸の隆盛をうんだとみることができる。

日本の人形浄瑠璃の人形操法は江戸時代の中期に三人遣《づか》いとして完成した。主遣《おもづか》いとよばれる中心になる人形遣いが左手で胴串をにぎって人形全体をささえ、右手で人形の右手

中国の懸糸傀儡　福建省

をつかう。左遣いが人形の左手を、足遣いが人形の両足をそれぞれつかう。この三人遣いは日本特有の人形操法といえるが、そのもとになった操法は大陸からはいってきた。

中国の人形芸と日本の人形芸

中国の人形芸の種類は、杖《じょう》頭《とう》傀儡《かいらい》、懸糸《けんし》傀儡、薬発《やくはつ》傀儡、水《みず》傀儡、機関《きかん》傀儡、肉《にく》傀儡、布袋戯《ほていぎ》、皮影戯《ひえいぎ》の八種をあげることができる。この八種は日本の平安時代の中期にあたる宋代までには成立していたと判断される。杖頭傀儡は人形につけたほそい棒を下からささえてあやつる人形である。懸糸傀儡は日本でいう糸あやつりであり、薬発傀儡は仕掛け花火と綱でうごかす走線傀儡とをくみあわせたものである。水傀儡はいわゆる水からくりである。

この四種については北宋の主都の繁栄ぶりをこまかに描写した『東京夢華録《とうけいむかろく》』のなかに記述があり、ほかの四種はいろいろな文献を総合すると(『中国民間美術全集　遊芸編　木偶皮影巻』「解説」山東教育出版社、その他参照)、ほぼおなじころまでにはでそろっていた。機関傀儡は機械によるからくり人形であり、肉傀儡は人形のかわりに子供の肉体をつかうものである。また布袋戯は指人形である。ちいさな人形を布製の袋のなかにしまいこんだところからこの名がある。皮影戯は影絵芝居である。人形を動物の皮でつくるのでこの名がある。

この八種のなかで日本の三人遣いの直接の源流となったのは中国の杖頭傀儡である。杖頭傀儡または杖頭人形の基本のかたちは、頭をささえる中心の棒と肩の線をだす横木からなり、ほかに人形の両手にそれぞれ一本ずつ、あわせてささえの棒は三本である。人形遣いは原則として一人である。中心の棒は左手でささえ、親指と人さし指で、うなずいたりふりかえったりするからくりの紐をひく。両手についた二本の棒は右手でつかう。両足はないのがふつうであるが、必要なときは別人が足だけつかう。この足がつけば二人遣いになり、さらに両手のうちの右手だけを主遣いがつかい、左手を別人がつかえば日本の三人遣いになる。

日本の杖頭人形のもっともふるい形は福岡県の古表《こひょう》、大分県の古要《こひょう》の、両八幡の傀儡《くぐつ》人形にみることができる。文献上では八世紀の奈良時代にまでさかのぼることのできる人形である。この二つの神社は、もとはともに豊前国にぞくし、宇佐八幡の末社であった。

いまは、傀儡人形の上演は二つの神社の別個の行事になっているが、人形とそのうごかし方にそれほど大きなちがいはない。どちらの神社の人形も神像型と相撲型にわかれる。神像型には男女の区別があり、かしらと胴が一本の木でつくられた棒人形＝杖頭人形で、両手が肩先に木の釘でとりつけられ、紐でうごかすようになっている。操法は、遣い手が幕で身体をかくした一人遣いで、左右の手のどちらかを裾につっこんで胴の端の棒（文楽人形の胴串にあたる）をにぎり、あいた手で紐の先をにぎり、人形の手をうごかす。

相撲人形も基本の構造は神像型とおなじであるが、両足がついている。ながい胴串が一本の足であり、もう一本の足はその股のあたりに木釘でとりつけられている。人形遣いは、片手で人形の足をつかい、あいている手で、人形の両手と片足についている三本の紐を中途で一本にしなった紐をにぎってうごかす（永田衡吉『日本の人形芝居』錦正社）。

このようなすすんだ操法の人形が八世紀の日本で独自に考案されたとみるよりは大陸からわたったとみたほうがよい。八幡神が渡来の神である可能性がつよいことも、この推定をたすけるであろう。これを立証するのが、日本の人形または人形遣いを意味するくぐつという古語が、大陸で人形を意味するつぎのようなことばと類似性があることである。

朝鮮　コクトゥ
中国　郭禿
蒙古　コクトコチン（怪物の面または仮面の意味）
チベット　呼図克図（聖人の意味）
ジプシー　kuli　kukli

人形浄瑠璃は日本でのながい変容と熟成の時間をすごしたことはたしかであり、そこに注目すれば日本に固有の芸能または劇ということができる。しかし、源流にまでさかのぼれば、三味線、浄瑠璃、人形の三者ともに、大陸にたどりつく。原材料は大陸産、加工の技術は日本人の工夫ということになる。

まったくおなじ事情が歌舞伎でもかんがえられる。

歌舞伎の舞台

舞台の源流

能舞台を利用した歌舞伎舞台

歌舞伎の舞台は能舞台の利用からはじまった。歌舞伎舞台の研究の先鞭をつけた後藤慶二は、大正十四年（一九二五）に刊行された『日本劇場史』（岩波書店）のなかで、慶長から寛文におよぶ六〇年間ほどを能舞台襲用時代と名づけ、そののちの引幕大道具創始時代（寛文から享保）、劇場屋根架設時代（享保から寛政）、舞台破風《はふ》消滅時代（寛政から明治）と区別した。後藤のあとも、歌舞伎舞台の研究は吉田暎二、須田敦夫らによってすすめられたが、基本的な見方では後藤の理論がうけつがれている。初期の歌舞伎の舞台が能舞台の利用からはじまったという視点はうごかない。

歌舞伎舞台の研究に絶大な威力を発揮するのは絵画資料である。ことに洛中洛外図屏風に代表される近世初期風俗図のたぐいにはきまって能や歌舞伎の芝居小屋と舞台、その内外にむらがる群衆がえがかれていて、舞台研究のこのうえない資料になっている。それらをみると、初期の歌舞伎の舞台と能舞台とのあいだに違いはない。後発の歌舞伎が先行する能の舞台をまねていたさまがうかがわれる。ただ能舞台が原型をほとんどそのままにたもって現代にまでつたえたのにたいし、前述の後藤の時代区分からもあきらかなように、歌舞伎の舞台はそののち大きく変貌をとげていった。そのために、近世中期以降は一見能舞台と歌舞伎の舞台は無関係のようにみえることになったが、歌舞伎舞台の基本性格はそ

能舞台の形をのこした女歌舞伎の舞台

のはじまりに能舞台を利用したということによって規定された。能舞台の本質がそのまま歌舞伎の舞台にうけつがれたのである。

能の舞台が原型をつくりあげたのは十六世紀後半の桃山時代のこととされている。そのころの能舞台の特色は、

イ　二間（約四メートル）四方程度のほぼ正方形の舞台

ロ　高床《たかゆか》

ハ　四本の柱でささえられた切妻造りの屋根

ニ　舞台にむかって左側に直角または斜めにつけられた橋掛り

という四点にまとめることができる。このような特色をもつ能舞台の起源についてはこれまでに四つの説がだされている。

a　寝殿造りの泉殿《いずみどの》からの転化または模倣

b　舞楽の舞台からの発展

c　神社の拝殿または神楽殿からの転化

d　能自体の演出の必然性

能舞台の形成を一つの起源説で説明することはむずかしいし、その必要もない。イの正

方形の舞台という特色は中世以前の舞楽の舞台にみられる形式であるが、神社の拝殿や神楽殿も基本的にこの形をとっている。ハの四本の柱でささえられた切妻造りの屋根も、神社の拝殿や神楽殿に共通する。また、ニの舞台むかって左側に直角または斜めにつけられた橋掛りは能の演出の必然性が発展させた特色であったとみられる。

舞台と神社建築は似ている

このように能舞台は先行する各種の建造物の特色をひろくうけつぎ、さらに能自体の演出の必要におうじてその独自の形態をつくりあげた舞台であったが、そのもっとも基本的な深層の構造を決定したのは神社建築であったとみられる。

明治三十四年（一九〇一）に発表された「日本神社建築の発達」という有名な論文で、建築家の伊東忠太は、四点の神社建築の特色を指摘した。

屋根の形が切妻造りであること
屋根を瓦で葺《ふ》かないこと
下地壁すなわち土壁をもちいないこと
装飾の質素なこと

これにくわえて稲垣栄三は高床造りをあげている（「神社建築」『国史大辞典』吉川弘文

日本の神社　九州の霧島神社

館)。能舞台はこの神社建築の特色をすべてそのままにそなえている。つまり、能舞台は日本の神社建築がになってきた信仰と同一の精神に支配されている。仏教の大寺院に代表されるような伽藍《がらん》様式がすでにひろくゆきわたっていたにもかかわらず、能舞台は日本古来の神社建築の様式を採用した。

日本の神社建築をささえる基本精神はつぎの三つにまとめることができる。

仮設・臨時性

雑居性

垂直性

仮設性は、式年遷宮《しきねんせんぐう》にしめされるように、神社が、本来一定期間を経過するとたてかえられるものであったということである。現在では、伊勢神宮・住吉大社・鹿島神宮の二〇年、宇佐神宮の三〇年など、社殿をつくりかえる期間は長期であるが、もともとは祭りのたびにあたらしくたてかえるのが神社の本来の在り方であり、さらにさかのぼれば社殿のないのが神社の本質であった。奈良県の大神《おおみわ》神社、長野県の諏訪大社本宮、埼玉県の金鑽《かなさな》神社など、ご神体をまつる本殿をもたない神社は現在でもみられ、これが神社の本来の姿であった。

山、森などの自然が神の本体とみなされていた時代には神社の社殿は存在しなかったが、鏡、玉、剣などのかりの神のやどり＝依代《よりしろ》が、神そのもの、または神の象徴とみなされるようになると、それらをおさめる建築物が神社とかんがえられ、祭りの期間がおわっても破壊されずに保存された。さらに仏教が渡来し、その壮大な伽藍建築に触発されて、神社もまた一種のモニュメントとして大規模で堅牢なものになってゆくが、そのような時代をむかえても式年遷宮のかたちをとって、仮設の精神と調和させたとみることができる。

仮設性・臨時性・雑居性

右の仮設性は臨時性といいかえることもできる。神が神社に常住せず、祭りのたびに他界から来臨するという信仰である。神社の崇拝にしめされる日本人の基本の信仰はシャーマニズムであり、神はシャーマンの祈りによって現世に来臨する。神社はそのための祭壇であった。したがって、神社の建築には、柱、高床など、神の臨時の来臨のための依代がもつ三機能、目標・通路・座という働きをそなえており、屋根を瓦で葺かず、土壁をつくらないなど、神の来臨しやすい建築様式をたもっていた。

雑居性とは、神社に来臨する神の種類が多様であり、それらの雑多の神々が祭りの期間に神社に雑居するということである。キリスト教・回教などの一神教系の宗教が、原則として世俗的な芸能をうみだすことがなかったのにたいし、シャーマニズムだけが多種多様な芸能や演劇の母胎になることができたのは、シャーマンのトランス（神がかり）とともにこの雑居性のゆえであったとかんがえられる。

垂直性は神社建築にみられる天重視の思想である。柱、高床、そして鳥居やしめ縄、神域の林などにもその思想はゆきわたっており、神々は天から飛来するという観念がそこに存在したことが推定される。

能舞台、そしてその構造を継承した歌舞伎舞台にはこれらの神社建築をささえてきた精神がそのままにうけつがれた。仮設の質素なつくり、高床や柱による神の招聘《しょうへい》、そして雑居性によってそこに登場してくる神々の種類と芸態を多種多様なものにしていった。

日中舞台を支配する祭祀性

能や歌舞伎に代表される日本の芸能の舞台は神社建築の様式と精神をうけついでいた。しかし、芸能や演劇は神祭りとふかい関わりをもちながらも、神祭りそのものではない。日本の舞台は多くのばあいに神社の境内に神社に対面する位置につくられていた。そこには、芸能を神に供覧するという精神がはたらいており、その点では芸能舞台の直接の原型は神社の神楽殿であった。このような神祭りの精神をうけつぎながら、神祭りそのままではないという性格を舞台の祭祀《さいし》性とよぶならば、舞台の祭祀性はけっして日本に固有のものではなく、中国の舞台にもっと明確にみることができる。

中国の民間舞台

一九八八年の三月から五月にかけて、中国の民間の舞台遺構を調査してまわったことがある。上海市にはじまって、山西省、陝西省、北京、天津、浙江省、江蘇省、安徽省と四〇日かけて三〇ヵ所の舞台をみることができた。そのときの調査をもとに「日中舞台の類同性」という文章をかいて、『日中比較芸能史』(吉川弘文館)におさめた。その文章をもとに、そののちの研究成果もくわえて、中国の民間舞台の特質をのべてみよう。

はじめにそのときの調査結果をまとめて紹介する。

(1) 舞台の成立年代は清代二一例、明代二例、元代三例、宋代一例、不明三例となり、ほとんどは清代に成立した遺構である。

(2) 屋根をささえる柱の数は四本が一五例、八本が四例、六本が三例、一〇本が二例、四本と壁、二本と壁が各一例、破損のための不明が四例となり、四本とその倍数の八本をあわせると一九例になる。

(3) 床は土壇が一五例でもっとも多く、つづいて高床九例、高台三例、ほかに楼門のうえ、柱と土壇の組合わせが各一例、不明が一例になる。

(4) 天井にみられる天蓋《てんがい》は円形が九例、八角形が三例、四角形が二例、ないばあいが九例、不明が七例になる。

(5)　舞台に対面して神社が存在する（した）例が二二例、道教寺院の道観《どうかん》の存在した例が一例、ないばあいが七例になる。

(6)　楽屋は左右、後方などいろいろである。

(7)　壁は正面奥だけで、三方のあいているのが通例である。

右のうち、(2)の柱の数は四本とその倍数の八本で三分の二を占め、四本柱が基本であった。

また、(3)の床は、現存する舞台では土壇が多いが、これは高床式にくらべて後世にのこりやすかったためとかんがえられる。木造の高床式の遺存例もかなり多く、中国歴史博物館所蔵の『南中繁会図』の明代舞台、北京故宮博物館所蔵の『南巡図』にえがかれた清代はじめの舞台なども木造の高床式であり、土壇と高床はおなじ発想、つまり柱とともに垂直軸重視の建築様式であったとみられる。

この(2)・(3)の中国の舞台の垂直軸・天重視とおなじ思想につらぬかれているのが(4)の天蓋である。

中国の舞台の天井中央にみられる飾りを天蓋とよんだのはわたしの命名であり、中国の研究者は藻井《そうせい》という。

中国の藻井と日本の天蓋

もともと中国の建築で天井に蓮華模様をかざることはふるく漢代くらいからみられた。そのデザインは、碁盤《ごばん》の目のような方形のなかにそれぞれ一個ずつかざるものと、中心に大きな蓮華を一つだけかざるものとの二様があった。したがって、多くの中国研究者はこの舞台中央の藻井も古来の建築様式として説明していた。たしかに八角形のものもみられるのであるから、八葉蓮華をかたどったものという考えもなりたつ。

もともと蓮華を飾りとする習慣は、仏教とともにインドから中国につたえられた。古代インドの大叙事詩「マハーバーラタ」によると、天地がひらかれたとき、根本神であるヴイシュヌー神のへそから蓮華が生じ、その花のなかにブラフマン（梵天《ぼんてん》）がうまれて万物を創出した。この蓮華化生《けしょう》の観念は仏教にもとりいれられ、仏の威力はその頭上におおわれた大蓮華に象徴され、さらにそこから無数の小蓮華が生じて仏の徳は広大無辺にひろがるとする思想をうんだ（井上正「飛鳥仏の世界　夢殿観音と百済観音」『土門拳日本の彫刻1飛鳥奈良』美術出版社）。

仏教で天蓋とよばれるものは、この蓮華化生の思想と、インドの貴族が外出するときに頭上にかざされた傘蓋《さんがい》の習俗があわされていて、形としては、箱形天蓋と華形天蓋の二種類があった（中村元編『図説仏教大辞典』東京書籍、「天蓋」の項）。

中国の舞台の天井には四角形の天蓋もみられるのであるから、藻井の蓮華模様の一方の源流を仏教の天蓋にもとめることはゆるされる。

しかし、中国の舞台の天井の飾りにはもっと直接の原型がかんがえられなければならない。先の調査結果からあきらかなように、八角形三例、四角形二例にたいし、円形は九例もある。この円形天蓋の由来は仏教では完全な説明がつかない。

よくしられているように、中央および北方のアジアのシャーマニズムで、宇宙は天上、地上、地下の三つの層から構成されると観念されており、その三層の中心をつらぬいて、天柱、宇宙樹、宇宙山などが存在する。しかも、天空は球形をしているとかんがえられ、具体的にはテントや円い蓋として想像された。そして、これらのシャーマニズムの信仰がゆきわたっているところでは、神社、宮殿、人家なども、この宇宙像を投影した小宇宙として構成される（M・エリアーデ『シャーマニズム　古代的エクスタシー技術』冬樹社）。

中国の舞台中央の円形の天蓋はこのシャーマニズムの天空を表現する天の蓋であり、柱はその天空と地上、地下をむすぶ天柱である。柱が四を基本数とするのは東西南北をあら

中国の舞台の天井の藻井　江蘇省蘇州

わしている。

こうした中国の舞台を支配する基本精神は中国のシャーマニズム系の道観に由来するものとみられる。私が調査した中国の道観や道教と習合した仏教寺院の神像の頭上には多く円形の天蓋がみとめられる。また道観では門前にはきまって旛《ばん》や灯火のための柱が通常は二本たてられている。この柱は神のよりつく依代の柱であり、中国の純粋な仏教寺院にはみとめられない。外見だけではまったく区別のつかない中国の道観と仏教寺院をみわける目安がこの門前の柱なのである。

日中の舞台の祭祀性

これまでみてきた日中双方の舞台の祭祀性の共通点をまとめておこう。

(1)　神社・道観の建築の本殿の天井は天をかたどり、高床は地をあらわし、柱（多くは榊《さかき》、御幣が併用される）は天と地をむすび、神の目印でもあり、通路でもあり、よりつく座でもある。

日本の神社の天井には中国のような天蓋はみとめられない。しかし、多くの神社の本殿の天井には雲の模様がえがかれていて、神の常住する天を地上に再現したものという観念がみとめられる。また、中国の道観や神社では、直接に天井をささえている柱のほかに、門前に二本の柱がたてられていて、神のよりつく依代の役割を明示している。日本の神社では本殿中央の心《しん》の御柱《みはしら》や正面の鳥居がその役割をはたしている。

(2)　舞台はこの神社建築をかたどって、神社（中国では道観もふくむ）に対面する位置につくられる。

日本の能や歌舞伎の舞台の天井には、中国の舞台のような天蓋はみとめられないが、これは日本の神社が天蓋をもたないことの反映である。

日本の地方にのこっている人形浄瑠璃や歌舞伎の舞台は、昭和四十六年（一九七一）の段階で、六一五ヵ所の多数におよぶ。その所在の場所を角田一郎編『農村舞台の総合的研究』（桜楓社）によってしめすとつぎのようになる。

神社境内（隣接地をふくむ）　五二八ヵ所
広場・河原・浜　三六ヵ所
寺院境内（隣接地をふくむ）　三〇ヵ所
民家内に仮設　六ヵ所
広場内に仮設　一五ヵ所

じつに八六％までが神社内に建築されていたことがあきらかである。

中国でも調査した三〇例のうちの二三例までが神社や道観に対面しており、現状ははなれた場所にあっても、移築されるまえは、神社や道観と隣接・対面していたと推定されるものが多い。シャーマニズムの儀礼で、祭壇のまえでシャーマンが神がかりになることから芸能ははじまった。芸能の規模が大きくなり、恒久的な拝殿や舞台がつくられるようになっても、その位置は神の面前であるという約束はながくたもたれていた。

(3)　舞台は天地の垂直軸の原理とあわせて南北に舞台を設定し、正面を北にむける水平軸の原理に支配されている。

日本の能舞台の遺構では、その正面を北にむけ、それと対面するかたちで南むきに貴人の位置する席を設定していた。この南北軸重視の精神は歌舞伎舞台にもうけつがれ、舞台の向こう正面に神の座としての櫓《やぐら》をもうけ、現実の方位に関係なく、上方の芝居では、舞台下手を東、上手を西とよぶ慣例をのちのちまでのこした。ただ江戸の芝居ではこの関係が逆転して、上手を東、下手を西とよぶようになるが、南北重視の基本精神に変化はない。「天子南面思想」はもともと中国から日本へはいったものであり、中国の舞台にも南北軸重視の思想は浸透していた。

歌舞伎の形成

お国歌舞伎はどのようにして誕生したか

初期の歌舞伎舞台が能舞台を介して神社建築にその起源をもっていたということは、そのうえで演じられる歌舞伎そのものに神事芸能の性格があったことをしめしている。しかも歌舞伎舞台の源流ははるかに中国大陸にまでたどることができる。このことは歌舞伎そのものが中国大陸の芸能とかかわることを示唆している。この章では歌舞伎の形成期に視点をすえてその源流をたどってみる。

お国のかぶき踊り

十七世紀のはじめの慶長八年（一六〇三）に出雲のお国となのる女が京都ではじめたかぶき踊りから歌舞伎の歴史ははじまる。お国ははじめややこ踊りのおどり手として記録に登場してき、やがて念仏踊りをはじめた。この段階までのかの女の舞台にはまだかぶきという形容のことばはかぶせられていない。

お国の舞台がかぶき踊りとよばれたのは、かの女が「茶屋遊び」という芸態を演じてからであった。茶屋は当時の盛り場にあらわれたあたらしい流行の風俗であった。茶屋とは

お国のかぶき踊り（京都国立博物館所蔵『阿国歌舞伎図屛風』）

いっても、江戸でいう水茶屋とは異なり、多くの女たちをかかえて、客の酒の相手をさせ、売春のもとめにもおうじた遊女屋であった。舞台上に設定された茶屋に男装したお国が客としてあらわれ、逆に男たちが女装して男装した接待の女たちを相手に酒盛りのばめんを演じ、余興の踊りをおどるという展開であった。この男装したお国や男たちの踊りと演技を当時の人たちはかぶき、つまり異端とか異様とか評した。

お国の芸がかぶきとよばれたのは、当時の記録である『当代記』の著名な記事によってもあきらかなように、「異風ナル男ノマネヲシテ」「茶屋ノ女トタワムル、体」をめずらしく演じた、まさにそのことにあった。その点では当時の最先端をゆく前衛芸術であったといえるのであるが、中世をしたたかにひきずっていたことも注意される。

お国のかぶき踊りの前身については、これまでにも、風流おどり、女房狂言、女舞、白拍子など、中世芸能との関連がとかれてきた。これらはそれぞれに根拠のある考え方であり、お国の踊りの芸のなかにそれらの先行芸能がながれこんでいることは確実であろう。ただお国のかぶきを一つのまとまりをもった芝居とみたときに、お国の登場した舞台が能舞台を利用し、さらに神社の神楽殿に源流をたどることができたという事実は注意されなければならない。舞台とそこに演じられる芸能とのあいだにはまだ密接なつながりがあった。構造体としてのお国かぶきは能をモデルとし中世以前の神楽に源流をたどることができる。

お国歌舞伎の構造と中世民間神楽の構造

お国歌舞伎もいくつかの段階をへて変化していた。第一期の北野神社境内のお国歌舞伎の舞台をしめす絵画資料が出光美術館に所蔵されている六曲一双屏風である。囃子方《はやしかた》はすべて上下《かみしも》姿の男で構成され、舞台には、お国、茶屋の女房、猿若とおもわれる伴《とも》の下人の三人がでているだけで、小道具などもみられない。この素朴なお国歌舞伎の舞台を大きく変化させたのが、慶長九年（一六〇四）の八月におこなわれた豊国神社の臨時の祭礼であった。京都の町中あげての大風流《ふりゅう》は、お国の舞台の演出にも影響をあたえ、お国は積極的にこの風流におどりでた人たちの時代の先端をゆく風俗を舞台にとりいれた。逸翁《いつおう》美術館所蔵六曲一双屏風、出光美術館所蔵『歌舞伎草子』残欠、大和文華館所蔵同残欠など、この時期の舞台をえがいた絵画資料によると、場所は依然として北野神社の境内であったが、祭礼にもちいられたものとおなじ腰掛け、唐うちわなどの小道具が使用され、伴の猿若は腰に大きなふさつきの瓢箪《ひょうたん》をぶらさげ、手に扇子をもつようになった。おなじようなはなやかな変化は、お国の大尽《だいじん》客や男たちの女装した茶屋の女房にもあらわれていた。

お国歌舞伎の第三期、もっとも発達した段階をうかがわせるのが、京都大学所蔵本および松竹図書館所蔵本の二種の『歌舞伎草子』である。挿絵入りの読物としてしたてられているが完成期のお国の舞台運びをうかがう絶好の資料である。京都大学所蔵本を舞台の進行にしたがって分析するとつぎのようになる。

イ　お国の親の名のりと口上
ロ　お国の道行
ハ　かぶき踊り開始の口上
ニ　念仏踊り
ホ　お国と名古屋山三郎亡霊の問答
ヘ　口上
ト　小歌踊り
チ　口上
リ　浄瑠璃のまね
ヌ　うち出しの描写
ル　退場の歌

このお国の舞台運びは近世と中世の二つをかさねあわせていた。挿絵と照合してみると、ハ・ニの小歌にあわせた踊りの場面と、へからルにつづく「茶屋遊び」の場面に、大きく二つにわかれることがわかる。はじめに踊りがあって、つぎに中心の見せ場がくるという構成は、のちの元禄時代の上方歌舞伎に定着する、前・踊り、後・続き狂言という興行形態を先取りしているものであった。近世につらなる部分である。

これにたいして間にはさまれた口上を中心に整理すると、

親の登場　　口上・お国の登場　　口上・芸能　　口上・芸能　　口上・芸能　　お国の退場

となる。このように二通りの整理が可能なのは、大道具が未発達で、すべての芸が口上によって進行させられていたからである。この口上中心の構造は、能の、

翁　　ワキ能　　二番目能　　三番目能　　四番目能……キリ能

という構成に一致する。これは偶然ではなく、お国の舞台運びは中世の能の演出を手本にあおいでおり、根底で中世とつながっていた。

能の構成と民間神楽の構成は一致する

能の構成は中世までに成立した民間神楽の構成と一致している。宮崎県西都《さいと》市の銀鏡《しろみ》神社で十二月十二日から十六日までの五日間おこなわれる大祭を例にとってみる。この祭りの行事はつぎのようになっている。

十二日　門注連祭《かどしめさい》
十三日　注連つくり
十四日　前夜祭　神楽奉納（十五日午後まで）
十五日　本殿祭　ししとぎり
十六日　ししば祭り　六社稲荷祭

猪の頭を神前にそなえる狩猟祈願のモチーフと、雑炊《ぞうすい》を神とともに共食する稲作祈願のモチーフが一つにあわされた複雑な性格の祭りである。十五日の「ししとぎり」は猟師ことばで猪のとおった足跡をたずねる意味をもつ狩猟法の神事であり、十六日の「ししば祭り」のししばは猪場の意味で、銀鏡川の中洲に場所をうつし、獲物の猪を料理する神事である。

この祭りの特色をひろいだしてみる。

①神社の本社のほかに野外の舞所（土地の人たちは御神屋《みこうや》とよぶ）があり、神の送迎はこの二ヵ所でおこなわれる。

十二日には大祭の準備がおこなわれる。大はらいがおこなわれ、社務所の門柱にしめ縄をはり、宮司以下の祭りの参加者は潔斎にはいる。

十三日は舞所の準備がおこなわれ、神楽三十三番のなかの第一番「星の神楽」が奉納される。

本格的な神迎えは十四日からはじまる。神々は仮面のかたちで表現され、その仮面の送迎として神々の送迎が象徴化されている。

第一回の大きな送迎は本社でおこなわれる。各末社からご神体の仮面が担当の神主（祝子《ほり》）に負われて本社にむかう。本社側では「面さま迎え」といって道中楽を奏し、宮司以下が整列してこれをむかえる。この面は神楽に使用されたのちに十五日の「面さま送り」で末社におくりかえされる。

②神々の送迎は一度ではなく複数回くりかえされる。

十四日に本社にむかえられた神面は舞所に安置され、そこで神迎えの前夜祭が執行される。三十三番の神楽が終了したのちに神送りがおこなわれてこれらの神面は舞所から本社におくられ、さらに「面さま送り」で末社におくられる。しかも舞所の神楽に登場するときも神迎えと神送りがそれぞれにくりかえされる。

銀鏡神楽三十三番の構造を石塚尊俊の分析（「日向米良神楽の分析」『西日本諸神楽の研究』慶友社）を参照して整理するとつぎのようになる。

1　舞所の清め
2　日向地方の大神の来臨
3　本社・末社の神々の来臨
4　荒ぶる神の来臨と鎮静
5　岩戸神楽・天照大神の出現
6　田楽系のもどき芸・豊穣祈願
7　ことほぎの神の来臨
8　神送り
9　狩法神事

このうちの2から7までは神面に表現された神格による分類である。しかもこの神面登場の直前には地舞《じまい》とよばれる仮面をつけない素面の舞が演じられる。この素面の舞は「招神」つまり神迎えと判断される。いったん舞所に神迎えされた神々はつぎの神が登場するまえに当然神送りされるはずであり、2から7まで六回の神の送迎がおこなわれることになる。8の神送りは舞所から本社への神送りであり、そこからさらに「面さま送り」によってそれぞれの末社へおくりかえされることになる。本社の大きな神の送迎のなかに舞所の小さな神の送迎がつつみこまれている。これをわたしは祭りの入れ子型構造とよんでいる。

③むかえられる神々は善神だけではなく「荒ぶる神」つまり凶悪な神々もまじっている。仮面によって表現される銀鏡神楽の神々は出現する順序でつぎのように分類される。

1	日向地方の最高神	一体
2	本社・末社の神	五体
3	荒ぶる神	三体
4	巫女舞	一体
5	岩戸神話の神	二体
6	田遊びの神	三体
7	荒ぶる神	二体

3に分類される神は柴荒神《しばこうじん》、綱《つな》荒神、衣笠《きぬがさ》荒神の三体であり、7に分類される神は白《びゃく》蓋《がい》鬼神《きしん》、笠取《かさとり》鬼神の二体である。3の神ははじめ凶悪神としてあらわれ、在所の最高神鵜《う》戸《ど》鬼神の霊力を体現した神主の法力によっていのりふせられて退出する。7の神はそのようにしていのりふせられた鬼神が祝福にあらわれたもので、その本質は凶悪神である。

④はじめに地方の最高神の来臨をあおぎ、その加護のもとに従属神や遠方の神など、多様な神々の送迎をくりかえしている。

最初にむかえられる鵜戸鬼神はこの地方の最高神である。十七世紀の半ば、現在の宮崎県日南市の鵜戸神宮の別当をつとめていた銀鏡出身の浜砂重賢が故郷の地につたえた鵜戸神楽が銀鏡神楽のもとになっているために、鵜戸鬼神が最高の神とみなされている。この神の来臨のもとに多様な神々が祭りの場にまねかれている。ふだんはそれぞれの神社に分祀されている神々が一ヵ所にあつめられてその本体をあらわすのが大祭である。

大きな神迎えと神送りのあいだにはさまれて小さな神迎えと神送りをくりかえすのが中世神楽の基本構造である。しかも小さな神々のなかには善悪両方がまじっている。この構造は能にうけつがれた。能の翁《おきな》とワキ能は最高神とその従属神の登場である。ワキということばが、最高神に従属する神々であることをしめしている。この最初にむかえられた神々の退場にあたるのが祝言《しゅうげん》能である。正式な五番立ての番組の最後に演じられる能で、半能ともよばれて、ワキ能の後場だけが演じられ、神々の退場を表現している。この大きな神迎えと神送りにはさまれて善悪両方の神々が登場する二番目能からキリ能までが上演される。

お国歌舞伎は能を仲介にして、神楽のこの構成と精神をうけついだのである。

若衆歌舞伎の上演方法

お国歌舞伎とならんで、もう一つの歌舞伎の原型が若衆《わかしゅ》歌舞伎である。お国歌舞伎が元禄時代の上方歌舞伎につらなってゆくのにたいし、若衆歌舞伎は、元禄時代の江戸歌舞伎に直接連続していた。

若衆歌舞伎がクローズアップされてくるのは、お国歌舞伎の後継者であった遊女歌舞伎の禁止ののちであったが、事実はこれらの女歌舞伎と並行しておこなわれていた芸能である。女歌舞伎が女色を売り物としたのにたいし、若衆歌舞伎は男色《なんしょく》を売り物にしており、売春という点では共通点をもっていたが、興行方法では女歌舞伎とはかなり異質であった。踊りだけを単独に数番くみあわせるか、能・狂言・幸若舞・舞楽・獅子舞・人形などのほかの芸能を踊りとくみあわせていた。少年たちの身の軽さを生かして軽業なども演じられていたし、放下《ほうか》、枕返しなどの見世物芸もとりいれられていた。女歌舞伎の芸もうけいれ

若衆歌舞伎のスター

ており、お国歌舞伎にはじまって遊女歌舞伎にも継承された「茶屋遊び」も若衆歌舞伎で上演されていた。

「茶屋遊び」という芸態のつよみは、酒盛りの場の余興として、そこに登場する人物たちによってさまざまな芸尽しを演じることができたことで、のちの脚本の「世界」にもつうじる枠組みとしての機能をもっていた。そのために、中で演じられる芸の種類を変えながらも、この枠組みは生きのびることができた。

しかし、若衆歌舞伎は、「茶屋遊び」を成立させる三要素、大尽客・伴の猿若・茶屋の女房から猿若や茶屋の女房をぬかしてしまうなど、かなり大きな変更をくわえていた。そのために、「茶屋遊び」は芸尽しの枠組みとしての働きをうしなって、舞台で演じられる多様な演目の一つにすぎなくなっていた。演目羅列という若衆歌舞伎の特色がここにもあらわれている。

演目を多数ならべるのが若衆歌舞伎の舞台構成の特色であった。この演じ方は、小さい神迎えと神送りを幾晩もくりかえす中世の民間神楽の構成をそのままにうけついだもので、中心の当世風俗描写の「茶屋遊び」をすえた女歌舞伎よりもさらに中世とつよくむすびついていた。ただ神楽や能、女歌舞伎では、はじめとおわりに、主神をまねいておくりかえす大きな神迎えと神送りをすえていたが、若衆歌舞伎にそれにあたるものがあったかどうかはあきらかでない。しかし、のちに若衆歌舞伎の系統下にうまれた江戸歌舞伎の興行形態からみて、すでに若衆歌舞伎にもその演出がそなわっていたのではあるまいかと推定される。

のちに詳述するように（六五頁「翁と式三番」）、京都、江戸、大坂などの格のたかい歌舞伎芝居では番組のはじめに「式三番《しきさんば》」を上演していた。これは能からうけついだ儀礼番組であり、若衆歌舞伎でこのような儀礼番組が演じられていた資料はない。むしろ、女歌舞伎と同様に、一座の主役を一日の番組はじめにむかえ、最後にその主役をおくりかえして、一日の興行をおえるという形で最高神の送迎という精神を生かしていたのであろう。

大小の神々の送迎の意味するもの

能、女歌舞伎、若衆歌舞伎の三者の興行方法は中世の民間神楽の祭祀構造をうけついでいた。民間神楽の構造は大きい神の送迎のなかに小さな神々の送迎をくりかえす入れ子型としてとらえることができる。なぜ日本の祭りや芸能の構成はこのような入れ子型となるのか。この問題をかんがえることは祭りや芸能をもよおす根本の目的をあきらかにすることになるはずである。

中国湖南省土家族のマオグースー

中国の湖南省西部にすんでいる少数民族の土家族《トウチャ》の正月におこなわれる行事にマオグースーとよばれる先祖の神々の祭りがある。また、広西チワン族自治区のやはり正月行事にマンコウ（モウコウの名でつたえる地方もある）とよばれる祭りがある。この二つの祭りを検討してみると、東アジア全体につうじる祭りの本質がみえてくる。

マオグースーは土家族語で「全身長毛の祖先」の意味だという。登場人物は全員はだかのうえにわらでおおい、頭にはわらの細長い髷《まげ》をつけている。大きなつくりものの男性性器がいやによく目立つ。

その全体のかたちは、仮面や男根の有無をべつとすれば、秋田のナマハゲ、鹿児島のトシドン、硫黄島のメンドンなどに似ていて、とくに鹿児島知覧町の十五夜行事「そらよい」にでる子どもたちの茅《かや》かぶり神にそっくりそのままである。

マオグースーの役柄は、祖公、祖婆、子孫と大きく三分され、ほかに牛、野生動物などもあらわれる。祖公、祖婆は先祖のおじいさん、おばあさんである。内容は、農耕・狩猟・魚釣り・争奪結婚・文字訓読という五部からなり、いずれも祖公と祖婆が子孫に伝授する筋になっている。

農耕では、耕地・種まき・草とり・収穫・脱穀などが、狩猟では、合図・追跡・包囲・殺害・獲物の分配・神への感謝と、古代の土家族の生活がじつに生き生きと再現されている。しかも、「古魯子《ころし》」（むかしのお馬鹿さん）とよばれる道化役がくわわっていて、狩猟のときに獲物の皮をくすねようとしたり、魚釣りで魚をぬすもうとして、仲間においまわされるなどの、笑いの役柄を分担している。

かれらは、いつも両膝をすこしまげ、両手をだらりとたらして、全身をつねにふるわせている。あるき方は小刻みで、左右にとびはねるなど、古代の生態をみごとに表現してみせる。

このマオグースーは祭りの一般的な本質をみごとにあらわしている。

季節の替わりめに民族の最高神がその民族の祖先神をひきいて登場し、ことば、農耕、狩猟、漁撈、結婚などの文化をさずけた始原の時間を再現する儀礼である。そのことによって、最高神に感謝し、文化が子孫によって正確に伝承されていることを確認し、ふるい秩序をあたらしい秩序に更新することになる。およそ、祭りといわれるものの本質がここにしめされている。大小の神の送迎というときの大きい神の送迎とはこの最高神の送迎を意味し、小さい神々の送迎とは、第一義的には最高神にひきいられた従属神の送迎を意味することになる。ここで第一義的といったのは、祭りが複雑化してきたときに、従属神以外の荒ぶる神々の送迎をもふくみこむようになるからである。

広西チワン族自治区苗族のマンコウ

もう一例、中国の来訪神についてみておく。

中国広西チワン族自治区苗族のマンコウ

マンコウは広西チワン族自治区融水苗《ミャオ》族自治県一帯につたえられている正月行事で、マンは年とった老人、コウは古いという意味である。したがってむかしの人または集落の祖先神をあらわすことになる。

正式には旧暦の正月十七日の行事であるが、地方によっては、九日、十一日などにおこなう。豊作、幸福、富裕などを祈願する祭りで、起源をたどってゆくと、湖南省のマオグースーにたどりつく可能性がかんがえられる。

マンコウには、三・五・七・九などの奇数の人数の若者が扮する。裸体に山のつる草をまとい、杉の木でつくった仮面をつける。その仮面には赤、黄、黒などの色がぬられ、手足には鍋ずみがぬりたくられる。棍棒のような杖をもち、動物のようにはしる。

長老たちの決議によってマンコウにえらばれた若者は、以後秘密をまもり、家をでて山小屋ですごしたり、親戚の家にとまったりする。祭りの前夜には山上の洞窟にあつまり、長老から仮面をさずけられ、たがいにたすけあって扮装をする。翌日、蘆笙《ろしょう》（アシ笛）のけたたましい演奏のなかに山をくだり集落をおとずれる。

マンコウには、父、母、息子、娘、弟、妹、孫などの役割分担があり、稲のわらでつくった生殖器をつけている。かれらは、両手と両足をつかった舞踏の動作のなかに、狩猟、漁撈などの生産の活動から、定住、生殖などの生活行為を表現する。これらの点でも湖南省の土家族の正月儀礼との類似性がある。そのスタイルは日本の南島のアカマタ、クロマタ、シロマタなどにそっくりそのままである。日本の来訪神の祭りの遠い源をしめしており、その意味をかんがえようとするときに、そこなわれる以前の形を純粋に保存していて参考になるのである。

このような中国の来訪神の儀礼は、わたしの見聞した範囲にかぎっても貴州省イ族の変人戯、雲南省イ族の跳虎節、広西チワン族自治区のチワン族の酬雷《しゅうらい》、おなじくチワン族の青蛙節《せいあせつ》などをかぞえることができる。

これらの中国の来訪神儀礼をとおして、祭りは、

① 神と人の交流

② 秩序の更新

③ 最高神が文化を授与した始りの時間の再現

④ 従属神による授与された文化の再演

などの性格をもっていることがあきらかになるのである。この祭りの本質が能や歌舞伎のような芸能にもうけつがれていった。

中国の湖南省にはじまった来訪神の儀礼（祭り）が、長江沿いに西につたわり、縄文時代の晩期には沖縄に上陸し、日本の本土にひろまっていった経緯についてはべつにくわしくのべたことがある（「家族神の来訪」『日本人と日本文化　その起源をさぐる　ニュースレター十二号　海上の道再考』国際日本文化研究センター、平成十二年四月）。

歌舞伎の興行方法

江戸歌舞伎と上方歌舞伎

若衆歌舞伎から江戸歌舞伎へ

江戸歌舞伎は寛永元年（一六二四）に猿若勘三郎を座元とする猿若座が江戸の中心地の中橋《なかばし》に興行したのにはじまる。それ以前からおなじ中橋や、すぐちかくの元吉原の遊郭に遊女歌舞伎の興行がおこなわれていたことは、当時の記録によってたしかめられるが、それらの遊女歌舞伎は、寛永六年（一六二九）前後にだされた禁令によって姿をけした。それにたいし、猿若座や、それにおくれておなじ寛永年間に創建された村山座（のちに市村座と改名する）、山村座などはそののちも存続して江戸歌舞伎の歴史をつくってゆく。この事実から江戸歌舞伎は寛永年代に創立された猿若座以下の芝居小屋にはじまるといってよい。

江戸歌舞伎の元祖勘三郎が本姓の中村を名のらずに猿若と称していたのは、かれが女歌舞伎の道化師猿若の出身であったからに相違ない。かれは普通名詞の役柄の名を固有名詞にもちいて、自分の芸の由来を世間に宣伝したのであろうが、しかし、かれが組織した一座は、女歌舞伎ではなく若衆歌舞伎であった。

寛永の猿若座が男性の若衆歌舞伎であったと推定する理由はいくつかあげられる。

第一の理由は寛永六年前後の女歌舞伎の禁令があっても断絶することなく興行をつづけることができた事実である。この禁令は官許の遊郭制度の整備とかかわりをもって、直轄領であった江戸でもっともきびしく励行された。にもかかわらず、猿若座は、寛永九年（一六三二）まで中橋の地で支障なく興行をつづけ、寛永九年には市街地の整理で、禰宜《ねぎ》町にうつされ、さらに慶安四年（一六五一）には上堺町（のちの葺屋町）に移転して幕末までつづいている。

猿若座のこの存続は、この芝居が若衆を主体にした一座であったからであろう。京坂では寛永期までの各座がいずれも撤退してそののちに連絡していない事実と比較される。

猿若座を若衆歌舞伎の座と推定する二つめの理由は、この一座が上演していた演目である。

幕府の公式の歴史である『徳川実紀』によると、慶安四年の正月から三月にかけて、猿若勘三郎と三国彦作の両座の役者が江戸城によばれて、三代将軍家光やその後継者家綱のまえで歌舞伎を上演していた。その出し物は、踊り、狂言尽しなどとならんで、放下《ほうか》、枕返しなどの見世物芸であった。これらの見世物芸は、女歌舞伎に上演された証拠はなく、若衆歌舞伎で上演されていたことについてはまえにのべた（四五頁「若衆歌舞伎の上演方法」）。さらに、女歌舞伎がとりしまられていた慶安年間に江戸城中へまねかれていたという一事からも、猿若座が若衆歌舞伎であったことが証明されよう。

放下や枕返しとならんで、猿若座がふるくから演じていた出し物は、「猿若」と「新発意《しんぼ》太鼓《ちだいこ》」であった。この二つは猿若座の式礼に演じられる家狂言とつたえられている。現存する台本はのちのものであるが、前者では小歌・きやり・しし踊り、後者では小僧による小歌や太鼓の曲打ち、獅子舞などの見世物芸が豊富にとりいれられた狂言仕立ての舞台運びはまさに若衆歌舞伎そのものである。

以上、猿若座が若衆歌舞伎の座であったことを証明する二つの理由はそのままに村山、山村の二座にもあてはまる。この二つの座はともに女歌舞伎禁止時代の寛永末期に座を創設し、はじめは軽業芸や小歌踊りなどを主要な演目にし、のちに大芝居に昇格した座であ

若衆歌舞伎の舞台

った。

若衆歌舞伎の特色

若衆歌舞伎の芸の特色を各種資料からとりだしてまとめるとつぎのようになる。

(1)　拍子事や軽業を本来の芸とした。
(2)　遊女歌舞伎、能、狂言、舞楽、幸若舞などのほかの種類の芸を豊富にとりいれた。
(3)　それらをとりいれるときにはせりふ劇としてではなく、歌や舞に重点をおいた。
(4)　ほかの種類の芸能のなかでは、能と狂言の影響がことにつよかった。
(5)　写実的なものまねの芸も開発した。
(6)　以上のような芸を多数くみあわせて演じていた。

これらの特色は、承応元年（一六五二）に若衆歌舞伎が禁止され、前髪をそりおとした頭（山芋の別名の野郎《やろう》に似ているところから野郎頭とよばれていた）の役者たちによる野郎歌舞伎の時代になってもそのままにうけつがれていたが、踊りだけの単独上演は姿をけしていった。かわって(5)のものまね芸がいちだんと発達し、全体はものまねを中心としたはこびのなかに、踊りをとりこんだ離れ狂言を数番くみあわせて上演するという興行方法を確立した。そこから続き狂言がうまれ、元禄時代（一六八八〜一七〇四）には四幕または五幕つづく多幕劇があらわれる。

女歌舞伎から京歌舞伎へ

若衆歌舞伎のながれをひく江戸歌舞伎にたいして、京歌舞伎は女歌舞伎の血筋をうけていた。

女歌舞伎の興行方法は、『歌舞伎草子』や各種の絵画資料によって、前踊り数番、中心芸「茶屋遊び」というようにまとめることができる（三七頁「お国歌舞伎の構造と中世民間神楽の構造」）。この「茶屋遊び」が演じられていたかどうかが、女歌舞伎とのかかわりをかんがえる重要な目安になる。

いろいろな禁令があいつでだされていたにもかかわらず、十七世紀なかばの明暦期の江戸では島原狂言がさかんに上演されていた。これは、若女房、かぶろ、かゝ、かいてなどの役柄から、あきらかに「茶屋遊び」の変形であったことがたしかめられる。この島原狂言もたびかさなる禁令によって姿をけして、「吉原学び」などの外題にかわることになったが、もともとの島原といったよび方はこの出し物が京都にあった遊廓に由来するものであったことをしめしている。

肝心の京都で「茶屋遊び」とその系列下の傾城事《けいせいごと》が野郎歌舞伎の時代に上演されていたことをしめす資料が多くない。いまのところつぎの二つにすぎない。

女歌舞伎のスター（徳川美術館所蔵『歌舞伎図巻』より采女の部分）

① 万治三年（一六六〇）刊行の役者評判記『野郎虫』の挿絵
② 野郎歌舞伎時代の富永平兵衛の芸談『芸鑑《げいかがみ》』の記事

しかし、延宝時代（一六七三〜八一）以降に京歌舞伎にさかんに演じられた傾城事や濡《ぬれ》事《ごと》が、それ以前の出し物とかかわりなしにとつぜんあらわれたものとはみられず、野郎歌舞伎はその準備の時期であったとかんがえられる。

四条河原で発達した京都の歌舞伎

江戸歌舞伎が元禄時代に四幕または五幕の多幕劇として定着したのにたいし、京都や大坂では、はじめに一幕ずつの離れ狂言を二つすえ、そのあとに上中下の三幕の続き狂言を演じた。この続き狂言はほとんどのばあいに遊女買いの傾城事をしくんでいた。このような上演方法が確立されたのは、女歌舞伎の、

前　踊り数番　　後　「茶屋遊び」

という上演のしかたと、若衆歌舞伎の、

種類の異なる芸の組み合わせ

という上演の仕方が融合した結果である。

翁と式三番

歌舞伎の式三番

民間神楽などの民俗芸能、中世の能などではじめに最高神の来臨をあおぐ儀礼があったことについてはすでにくわしくのべた。この儀式性が芸能化の度合をつよめていた歌舞伎でも保存されていた。直接には先輩芸能の能の翁《おきな》をうけついだものであったが、翁とはよばずに「式三番《しきさんば》」と称したところに近世における変容をみることができる。翁よりも動きに変化のある三番叟《さんばそう》が重視され、翁にかわって儀礼全体のよび名になったものとかんがえられる。翁から式三番への変化に、中世と近世、祭式と芸能の違いをかんがえる重要な鍵がある。

京都、江戸、大坂などの三都の格のたかい大芝居では、年のくれの顔見世興行と年のはじめの正月、三日間は、一座の責任者の座元を中心に、翁、千歳《せんざい》、三番叟のそろった「式三番」を上演していたことは『新撰古今役者大全』(寛延三年)をはじめとする演劇書にのべられている。

それらによると、「式三番」はべつに「翁渡し」ともよばれ、顔見世の初日から三日間は座元とその後継者の若太夫が潔斎《けっさい》、物忌《ものい》みしてつとめ、それからのちは大部屋の若い役者がかわってつとめたという。番付など、もうすこし信頼性のある資料によると、じっさいには、座元とその関係者がつとめるよりも、一座の役者たちの立役、若女方、若衆方などがつとめている例が多かったようであるが、「式三番」が儀礼化していたことは確実である。

このような慣例がいつごろからはじまったかを確定することはできないが、幕府によって初期の歌舞伎芝居の大小の序列化が法的にすすめられた寛永時代(一六二四〜四四)にそれと対応する権威化の一環として、歌舞伎関係者によって興行内容が整備されていった結果であろう。能はつねに権威のある上位の芸能として歌舞伎や人形浄瑠璃の関係者から意識されており、その能の翁にならおうという意識が式三番を儀式としてとりいれさせたとみられる。

近世初期の記録、『松平大和守日記』などによると、武家屋敷などで能番組が上演されるときには、きまって「式三番」または「翁」が番組のはじめに上演されていた。そのさいには、

三番叟だけが演じられる

千歳と三番叟が演じられる

翁と千歳と三番叟が演じられる

という三つのケースがあり、能においてすら儀礼性のまさった翁がかろんじられる傾向のあったことがわかる。この傾向は歌舞伎ではさらにつよまり動きのはやい三番叟が重視され、歌舞伎舞踊のなかに「三番叟物」とよばれる一群をうみだしている。

操り浄瑠璃の式三番

歌舞伎とおなじように、操り浄瑠璃でも番組の最初に「式三番」を演じることが定式化していた。さきにあげた『松平大和守日記』やおなじ近世初頭の紀州藩の家老の日記『家乗《かじょう》』などによると、武家屋敷で操りを演じるときには冒頭に「式三番」を上演していたがやはり三番叟だけを演じる略式が多かった。

また、劇場での興行のさいには翁からはじまる正式の「式三番」が演じられた（宇治加賀掾『竹子集』序文）。興味ぶかいことに、その「式三番」は能からうけついだものという

意識がはたらいていた（新見正朝『昔々物語』享保一七年成立、『近世風俗見聞集一』所収）。操り浄瑠璃のばあい、そのなかに吸収されていった先行芸能に能をそのまま人形芸として演じる能操りがあり、「式三番」はこの能操りの出し物を直接に継承していた。

このように、近世の歌舞伎や浄瑠璃にうけつがれた儀礼の翁を検討することによって、祭りと芸能の関係についてあたらしい知識をつけくわえることができる。

芸能が祭祀《さいし》の儀礼性をのちのちまで保存していることに疑問はないが、時代の変化に対応した変化もうまれていた。翁はすでに詳述したように、祭りにまねかれる地域の最高神である。その神の来臨のもとに秩序の始まりの時間がくりかえされるのである。そのような信仰はおそらく中世の能まではたもたれていた。しかし、近世の歌舞伎や操り浄瑠璃ではその信仰がゆらいできて、比重は芸能にかたむいてくる。

①　翁よりも三番叟が重視された。
②　その結果、翁にかわって式三番の名称がもちいられた。
③　演じ手に座元のほかに一般の役者がくわわった。
④　上演の時期が一年の境めの顔見世や正月以外の季節にもひろまった。
⑤　興行冒頭の儀礼劇のほかに歌舞伎舞踊がうまれた。

以上の五つの変容がしめしているものは祭式から芸能への道である。祭式、芸能、演劇の関係を整理しておこう。かんたんにいえば神中心から人間中心への文化一般の推移のなかで、祭式は神中心、演劇は人間中心、芸能はその中間に位置して、両者の性格をあわせもっているといえる。

歌舞伎を演劇とよぶことが一般的におこなわれている。そのことじたいは誤りとはいえないが、もし演劇を「人間と人間だけの葛藤対立」とみて、そこに神のはいりこむ余地のないものとかんがえたら、歌舞伎は演劇ではない。歌舞伎は神と人が交流する場である、広義の祭式にくみいれることができるものであるが、人間をたのしませる娯楽的要素がつよまっている点では狭義の祭式とわかれて芸能とよばれることになる。

五という数字の意味──序破急の理論

祭りからの離反──引き幕

元禄時代をむかえるすこしまえに、横にひいて舞台をかくす引き幕が発明された。江戸時代の記録によると寛文四年（一六六四）に江戸の市村座でもちいたのが最初という。その事実の信憑性《しんぴょうせい》はともかく、元禄にちかいころ、引き幕が使用されだしたことは信じてよい。

日本のふるくからの芸能に、舞台と観客席をへだてる幕がなかったのは、芸能が祭りからうまれたとかんがえれば、かんたんに説明がつく。祭りはおとずれてくる神々と、むかえる人びとがいっしょにおこなう儀式であるから、あいだをへだてる幕がないのは当然である。中世までの能に幕がなかったのは祭式としての性格をつよく保存していたからであった。

歌舞伎が引き幕を発明したということはみる者と演じる者を区別し、神祭りから一歩はなれたことを意味している。引き幕の発明は歌舞伎の本質をかえ、さらにふくざつな筋としかけの演目の上演を可能にした。それまでのみじかい一場面の離れ狂言にかわって、多くの場面を幕でつなぐ多幕劇、当時のことばで続き狂言の時代になってゆく。

多幕劇は江戸では四番または五番つづく作品になったが、「式三番」がそのまえについたので、ぜんたいとしては五番という意識がはたらいていた。

これにたいし、上方では、はじめに若手の役者の稽古のための芝居を一番、つぎに踊りを見せ場とする一番をおき、そのあとに大名の家のあとつぎあらそいに、若殿の遊女あそびをしくんだお家狂言三番の多幕劇をおいたので、ここでも五という数字が興行の根本を支配していた。

またちょうどこのころ、一二段、六段、八段、四段などの多様な形式で演じられていた浄瑠璃も五段に統一されてくるし、能、幸若舞などの芸能も、五番にかたちがととのえられてくる。

なぜ日本の芸能は元禄のすこしまえまでに、五という数字を基本として上演のかたちがととのえられてくるのか。これについてはいろいろな説明がなされているがまだ納得させる定説というものがない。そのなかでもっとも有力な説が「序《じょ》・破《は》・急《きゅう》」という中国からつたわった音楽の理論で説明しようとするものである。中世の能の理論をまとめた世阿弥《ぜあみ》がこれにちかい考えをのべている。

世阿弥の能楽論――序破急

序破急は日本ではまず雅楽の用語として定着した。近世にまでさがる書であるが、元禄三年（一六九〇）に成立した雅楽の術語辞典の『楽家録』では音楽の調子の緩急高低をあらわす語であり、楽にはこの三曲のそなわることが必要であるとしている。これを、能一曲の構成や番組、演技の理論にまで深化させたのが世阿弥であった。

世阿弥は能一曲の構成を論じたドラマツルギーの書である『三道』でおおよそつぎのように説明している。

序破急は序が一段、破が三段、急が一段で五段階になる。典拠とした話の性質によっては、全体で六段になることもあろうし、あるいは一段不足で四段になることもあろうが、しかし、基準的な形態としてさだめておくのは五段のかたちである。この序破急五段の基本的構成にしたがって、「序にはどのくらいの謡をうたうべきか」「破の三段階に三種の音曲をどのように配分するか」「急にふさわしい音曲をどの程度」などと、一曲をくみたてゆく作業を「能をつくる」というのである。

この考えは、

1　序――はじまり
2
3　破――変化
　　序　変化のはじまり
　　破　変化のたかまり
　　急　変化のまとめ
4
5　急――まとめ

というように全体を五つの段階にわけて能一曲を構成しようとするものである。

かれはまた序破急を上演番組の構成原理としてもとらえていた。『花鏡《かきょう》』などにもっとも明確にそうしたかれの考えをみることができる。

序破急の序は物事の最初の段階であるから基本的な姿でなければならない。一日の能の番組にあてはめるなら、初番の能が序にあたる。したがって、初番の能は、すなおな典拠が複雑ではなく、めでたい文章をもち、すらりとしたおもむきの能でなければならない。演技は舞と歌だけでよい。

二番めの能は、初番とはおもむきのかわった曲で、典拠がしっかりしていて、つよい、上品な能がよい。二番めもまだ序のなごりのなかにある。

三番めから破の段階である。ここではだんだん精細な演じかたをする。序はたくまぬ自然な姿であり、破は序の姿をわかりやすくくだくという意味である。したがって、三番めから、技巧をつくしてものまねのおもしろさを豊富にもりこんだ能でなければならない。この三番めが当日の肝要な能である。それ以降、四番め・五番めまでは破の領域であるから多彩なわざをつくさねばならない。

急は、揚句・ものごとのおしまいの意味である。当日の催しのなごりであるから、破のゆきかたをおしつめて、はげしく身をつかい、急速な舞や動きをみせなければならない。

むかしは一日に演じる曲数が四番ないしは五番をこえることはなかった。五番めがかならず急であったが、近年はむやみに能の数がふえたので、五番めなどのはやい段階で急になっては、急がながくつづいて急の効果がうしなわれてしまう。能は破の段階でながく演じて、多彩な芸をみせ、急はただ一曲でなくてはならない。

世阿弥はさらにすすんで演技や謡にも序破急の説を適用しているが、近世の元禄時代の芸能の興行形態にあてはまる理論は以上の作品論と番組論の二つであろう。

五という数字のもう一つの意味
——陰陽五行思想

一般に学問といわれるものには二つの方法がある。一つは現実に眼にみることができ、さわることのできる資料を重視してゆく実証的方法である。もう一つはその具体的資料の根底にひそんで具体的資料をも規定してゆく根本精神を重視する方法である。この二つはけっして矛盾するものでもなければ二律背反の関係にあるわけでもない。根本精神は具象化された資料のなかにあらわれ、具象化された資料は根本精神の解明にやくだつときに学問の資料になることができる。

もうすこし適切な例で説明しよう。

構造主義言語学者としてしられるスイスのフェルディナン・ド・ソシュールは人間の言語活動をランガージュ、ラング、パロールの三種にわけた。ランガージュは人間のもつ普遍的な言語能力・シンボル化活動であり、ラングはその社会的側面または社会的制度としての言語である。そしてパロールは現実におこなわれる発話行為であり個人的側面としての言語である。

言語学が人間の文化化された自然の根底にある分節言語をさぐろうとする学問であるからには、その対象はランガージュであるべきだが、研究者は現実に存在する日本語、英語、フランス語などのラングをとおしてしかランガージュに接近できない。ラングは超個人的、抽象的な社会制度であり、個人の生理器官の本能的使用とは異なる社会固有の価値観をもつ構造であり、社会成員の暗黙の契約である。

これにたいするパロールは特定の話者によって発せられた具体音の連続であり、ラングはパロールの条件であり、規則の体系ではあっても、パロールによってしか顕在化しない潜在構造である（丸山圭三郎『言葉と無意識』講談社）。

このような考えかたを適用すれば、元禄時代にはいるまでに各種の芸能の作品や興行の構成がいっせいに五番という数字に統一されていったという現象がパロールである。その現象を説明するのにもちいられた世阿弥などにはじまる序破急理論はいわばラングにあたる。

しかし、ラングには日本語もあれば中国語もある。五という数字の意味を説明するのにもっと適切なラングはないのか。そのラングは当然普遍的なランガージュの解明にまでたどりつかなければならない。

番はもともとかわりあって事にあたる意味で、そこから当番、つがい目、あわせ目などの意味が派生してくる。民俗芸能の神楽や能、歌舞伎などでいう番もほんらいはつがい目、あわせ目などの意味に由来するものであったろうとおもわれるが、やがてひとまとまりの単位を意味することばになる。たとえば、九州の宮崎県の高千穂地方で演じられる夜神楽は全体が三三の演目で構成されて三十三番といっている。そこでは小さな神迎えと神送りが基本的には三三回くりかえされている。つまり、ここでは番は神をむかえておくりかえすまでのひとまとまりの祭りの儀式をさすことばになっている。芸能における番は音楽の構成論よりも信仰や祭りにふさわしいことばであるようである。

問題の五は中国の陰陽五行《おんみようごぎよう》思想に由来する。

中国の陰陽五行思想

陰陽五行思想は古代中国の世界観である。もともと陰陽思想と五行思想は発生のちがうべつの思想であったが、紀元前三世紀の戦国時代末以後、一つに融合して陰陽五行思想となって、漢代の思想界に大きな影響をあたえた。陰陽思想は、陰陽二気の活動によって万物の生成変化を説く思想で、うらないの易にとりいれられてその基本原理になった。陰陽は本来山のひかげとひなたをさしていた。易ははじめは剛と柔のくみあわせで万物の生成変化を説明していたが、陰陽がとりいれられて循環の思想がくわわった。

これにたいする五行思想の起源については三つの説がある。一つは民用五材説である。

古代人の生活に必要な五つの素材で、生活に直接必要な水火にはじまり、木金におよび、全体の基盤となる土におわる。二つめは五行相勝説である。その順序は土木金火水となり、あとからくるものがまえにあるものに勝つという考えである。三つめは五行相生《そうせい》説である。まえにあるものがあとにくるものを生じるという考えで、順序は木火土金水となる。五行の行は「めぐる」ことで、流行や運行をあらわし、五は人の片手の指の数に由来するともいわれる（中村璋八『五行大義』明徳出版社）。

陰陽と五行が結合したことによって万物の生成について以下のような説明がおこなわれることになった。

とおいとおいむかし、唯一絶対の存在であった混沌＝太極から生じた陰と陽の二気が交《こう》感交合《かんこうごう》して、天上には日月をはじめとする五惑星そのほかの星がうまれ、地上には木火土金水の五元素が発生した。この五元素は五気として運行し、色としては青赤黄白黒の五色になり、方位としては東南中西北、五時として春夏土用秋冬になる。

日本の芸能に五という数字がマジックナンバーとしてはたらくのはこの陰陽五行思想、なかでも五方五色思想とふかくかかわっている。

五方五色思想とは、東、西、中、南、北の五つの方角を、それぞれ順次に青、白、黄、赤、黒の色であらわす思想で、しかもこの五色は同時にその方角にいる神々をも表現することになる。芸能が五番になったのは、あらゆる神々にかかわること、この世＝現世とあの世＝他界のすべてを舞台であつかっていることをしめしている。この思想はもう一つのラングであるだけではなく、陰陽五行というランガージュにつながっている。

五つの方角を五つの色であらわす思想は、『周礼《しゅらい》』の「天官」のなかに天の五方を支配する五帝の名が、東方蒼帝、南方赤帝、中央黄帝、西方白帝、北方黒帝となってあらわれている。

『周礼』は、漢代初期、文帝から武帝の時代に民間で発見され、朝廷に献上されたもので、その成立は、周代または戦国時代にまでさかのぼるといわれている。五行思想の成立とほぼおなじころに五方五色の観念もうまれたものとみられる。

五方五色思想は、陰陽五行思想とともに、日本にもはやくからつたえられた。わが国の文献にみえる五方五色思想のはじめは、桓武天皇の延暦二十三年（八〇四）に伊勢大神宮宮司大中臣真継《まつぎ》らから朝廷へ献上された『皇大神宮儀式帳』のなかの「山口の神の祭に用ひる物」の箇所に、「五色の薄絁《うすきぬ》五尺」とあるものである。これは、福永光司氏によると、中国の晋代の道教の教典『抱朴子《ほうぼくし》』（三一七年ごろ成立）の「登渉篇」に名山にはいって修行する心得をのべて、それぞれ五寸の「五色の絵《きぬ》」を大きな石のうえにかけると願いがかならずかなうとのべる、その「五色の絵」に対応するものとされる（「古代日本人の思想信仰と江南文化」『最新日本文化起源論』学習研究社）。これは御幣を五色の布でつくったものであろう。神道関係の辞典『神道名目類聚抄』（一六九九年）に「紙を青、黄、赤、白、黒に染めて幣五本に作る」と説明されている五行幣がそれにあたる。

文献をはなれて五色思想をもとめると、七世紀末から八世紀にかけての築造と推定されている高松塚古墳にまでゆきつくことができる。六世紀のころまでにこの思想に日本人が接していた可能性はたかい。

櫓・看板・花道

櫓

櫓には神が降臨する

江戸時代の芝居小屋の正面には櫓《やぐら》がつくりつけられていた。厳密にいうと、幕府の統制がゆきとどくようになった中期以降は格式のたかい官許の大芝居には櫓があり、小芝居や中芝居には櫓がなかったが、はじめはすべての芝居小屋の正面に櫓がみられた。

「やぐら」ということばは、もともとは、「や」をきりはなして「くら」というかたちでもちいられ、ものをのせる台を意味した。漢字をあてると「座」である。牛馬の「鞍」、ものをおさめる「蔵」「倉」などはそこから派生した用法である。「座」は、祭りでは、「神をまねきよせて、そこにおとどまりいただく祭壇」となった。

その「くら」が武器の「矢」とむすびついて「やぐら」になり、武器をおさめておく防禦の場所という意味になってゆくのは、平安時代のおわり、十二世紀の末であった。このころから、中世にかけて活躍した武士の屋敷の門には、かならず櫓がつくられ、そこには楯、弓、矢などがおかれていた。

『義経記』巻二に、主人公の源義経が京都の一条堀河の陰陽師《おんみょうじ》鬼一法眼《きいちほうげん》の秘蔵している兵法書を手にいれようとしてその屋敷をおとずれる箇所がある。そこでは、鬼一の屋敷を、四方に堀をほって水をいっぱいにたたえ、「八つの櫓」をあげ、夕方には橋をはずし、朝まで門をひらかなかったと描写している。『義経記』は中世の末に成立した書物であるが、この鬼一の屋敷の描写は平安時代末の武家屋敷一般の様子をしめしている。

おなじ『義経記』巻四でも、源頼朝の命令をうけた土佐坊が、京都の六条堀河の義経の屋敷に夜討ちをかけるところで、義経の家来の喜三太が櫓にのぼって大声で味方をあつめたとのべている。ほかにも『今昔物語』巻二十五、『源平盛衰記』巻二十などにも武家屋敷の櫓の例がみられ、『十巻本和名抄』には「城の上のところの守禦の楼なり」と説明されている。

絵画資料にも櫓はあらわれる。一遍上人の伝記を主題にした『一遍聖絵《ひじりえ》』（一二九九年成立）の第四段にえがかれた筑前の国の武士の屋形の門のうえに櫓がすえられていて、当時の櫓の実際のかたちをみることができる。屋敷のまえの堀にかけた橋をわたると横桟戸《よこさんど》をつけた櫓門がある。その門の上部には切妻の屋根をつけた屋形がつくられていて、楯、弓、矢などがおかれている。このような武具をみると、武家屋敷の櫓が防禦の目的をもっていたという考えがそのままにみとめられそうである。

しかし、櫓は矢座《やぐら》であり、座はもともと神をまねく場であったという考えと防禦目的説はどのように調和するのか。

古代からの日本の祭りで武具は、神をまねく依代《よりしろ》であった。依代はシャーマニズム系統の祭りでは、神が他界から飛来するための目標であり、通路であり、とどまる座としての機能をもはたした。

『日本書紀』にしるす天岩屋戸の神話では、岩窟にこもったアマテラスをまねきよせたアメノウズメは、手に茅《ち》まきの矛《ほこ》をもっていた。このアメノウズメの子孫といわれるサルメの君は、手に矛をもって宮中の鎮魂儀礼に奉仕した。また、奈良・平安の律令制時代に宮廷の葬儀に奉仕した遊部《あそびべ》は刀を背におい矛をもっていた。のちの世のあずさ巫女が弓をもちいて神霊をよりつかせた事実はよくしられている。その伝統は現代の東北のイタコにまでうけつがれている。

櫓のうえにすえられた武器に依代としての働きがあるとすると、中世の武家屋敷の門のうえの櫓の意味もあたらしく解釈しなおす必要がある。戦乱にあけくれた中世の武家屋敷では防禦の目的がおもてにおしだされたにしても、根底には神々をまねく場の意識がはたらいていたはずである。神とともにあるからこそ武士は勇敢にたたかうことができた。

神のとどまる櫓をささえた根本の精神をさらに検討して、そこから桟敷《さじき》のうまれてくる過程をさぐってみよう。

櫓から桟敷への変化

日本の祭りにお旅所《たびしょ》という観念がある。神輿《みこし》の巡幸がおこなわれたのち、その神輿を安置しておく場所で、お仮屋《かりや》、行宮《あんぐう》などともいわれる。根底には神が遠方から旅をしてくるという信仰がある。もともとは祭りのたびにあたらしくつくられた祭壇が神社の建物とともに常設されるようになり、神常住の観念と本来の神不在の信仰を調和させるためにもうけられた建築である。

お旅所ということばは関西地方で多くもちいられ、関東ではお着き場とよばれることが多かった。京都の八坂神社のお旅所からもあきらかなように、神事のおこなわれる正殿と相対する場所にもうけられるのがふつうである。一軒の家でいうと、お旅所は正面の門のところになる。九州の椎葉村の民家では、秋祭りのときに、頭屋のデイに神輿をむかえ、神楽を奉納する。デイは出居で、椎葉村では出入口にちかい客間をさしていた。

お旅所にあたるものをさらに民俗の祭りの場にもとめると白蓋《びゃっかい》とよばれるものがうかんでくる。白蓋は土地によってよび名がいろいろであり、天蓋《てんがい》、錦蓋《きんがい》、雲盤《うんばん》、衣笠《きぬがさ》などともいわれている。かたちも円形と角形があり、角形には四角、六角、八角がある。共通して祭壇のまえの広場の天井につるされている。おなじかたちのものを韓国の民間巫儀の祭りの場にもみとめることができるし、中国の巫師の主宰する祭礼の場にもみることができる。

お旅所・出居・白蓋に共通する性格は、遠方からおとずれた神々が、祭壇や舞台に登場するまえにいったん鎮座する仮設の場である。武家屋敷の櫓はその常設化したものとみることができる。もし神々がこの祭礼の仮設の場所にとどまって、本殿や舞台に登場せず、舞台上の演技を神の代理としての芸能人が演じるようになれば、仮設の場は観覧席の桟敷になる。この段階の桟敷の様子をよくしめしているのが中世末の能の興行記録『紀河原《ただす》勧進猿楽《かんじんさるがく》日記・同異本』である。

寛正五年（一四六四）四月五日から三日間、京都の紀河原で鞍馬寺への寄付金募集の猿楽が興行された。右の資料はそのときの記録である。責任者の勧進聖は春松院善盛、出演の太夫は観世音阿弥父子。管領細川勝元が桟敷奉行になって六三間の桟敷がもうけられ、将軍足利義政は三日間とも見物にきている。

右の日記の「御桟敷之次第」によると、桟敷席の中央、貴人席のまん中に神の観客席である「神桟敷」がもうけられ、その具体的な配置は『異本』におさめられた図面であきらかである。南にもうけられた楽屋から北へむかって一直線に橋がかり、舞台が位置し、その舞台の北に南にむかって「神榊桟敷」がつくられ、その左右に将軍と御台所の席がある。「神榊」とあるところからみて、まねかれた神の象徴として榊がかざられていたものであろう。お旅所に榊をかざる例は京都の祇園会の祭りにもみられるし、また、神事芸能の桟敷席の中央に神の座をもうけた記録はほかにもみいだせる。

中世の武家屋敷の正門うえの櫓や近世の芝居小屋の木戸口のうえの櫓はこの神の桟敷とおなじ発想にささえられていたことがあきらかである。

櫓は二つの機能をもつ

近世の絵画資料によって芝居小屋正面の櫓の形状とそこにおさめられていた武器そのほかの物品を検証すると、つぎのような推移をたどっていたことがわかる。

三周時代	寛永前期まで	太鼓・武器単独	上方・江戸
四周時代　A	寛永期	太鼓・武器単独	上方・江戸
四周時代　B	寛永から幕末	太鼓・武器梵天併用	上方
	寛永から元禄	太鼓・武器梵天併用	江戸
四周時代　C	寛文から元禄	太鼓・梵天単独	江戸
四周時代　D	元禄以降	太鼓単独・飾り撤去	江戸

三周時代というのは、櫓の外枠が三周で、舞台にむいた方向の枠のなかった時代である。櫓が桟敷でもあったというすでにみてきたような観念にささえられて、櫓におさまった神々に舞台が見物できるようにという配慮がはたらいたものであろう。お国歌舞伎や女歌舞伎の古い様式をつたえる舞台の櫓は、上方でも江戸でも、この三周の櫓に統一されており、そこにおさめられているものは全期をつうじてみられる太鼓のほかは毛槍《けやり》、突棒《つくぼう》、刺《さす》股《また》、薙刀《なぎなた》、槍などの武器にかぎられている。

四周時代というのは櫓の四つの周囲がすべて枠でかこまれていた時代である。櫓から神の桟敷＝観客席という観念がうしなわれたときに、舞台にむかう枠がとじられたのであろう。寛永時代以降、上方も江戸もともにこの四周時代をむかえており、そこにかざられるものに梵天《ぼんてん》があらわれる。

梵天と魔

梵天はもともとは仏教守護の神で色界にすむ初禅天《しょぜんてん》をさしている。しかし、民俗の祭りや芸能ではこの神の名とはかかわりなく、木や竹の柱のさきに白紙をつけた御幣をさすようになった。この種の御幣を意味することばとしてもちいられていた「ほて」がなまって梵天の字をあてるようになったものかといわれている。

櫓に梵天をあげるようになったいわれについてつぎのような俗説がおこなわれていた。

そのころ絲《いと》より権三郎の芝居がとりわけはやっていたので、競争相手の左内が腹をたてて、近所の祈禱坊主に芝居繁盛のお祈りをたのんだところ、祈禱坊主は心得て、竹のさきに紙をきってつけ、これを梵天と名づけ、繁盛を天にいのるために櫓のかどにたてておいたところ、ほかの芝居もこれをみならってすべての芝居が櫓にかざるようになった。

元禄十四年（一七〇一）の役者評判記『嵐百人鬘《あらしひやくにんかずら》』にみえる説である。絲より権三郎は寛文九年（一六六九）に京都で芝居の興行を許可されている。したがって、そのころの話ということになるが、絵画資料などでは、梵天のかざりは寛永（一六二四〜四四）のころにまでさかのぼってみることができる。そのままでは信じがたい説であるが、梵天が神への祈願の目的につかわれているという点では中世からのつながりをみることができる。梵天についてはべつのつたえもある。宝暦十二年（一七六二）に刊行された『歌舞妓事始』にみえる。

櫓の左右に麾《ざい》（采配）をたてる。これは戦場で指揮する麾である。戦場ではこの櫓にのぼった武将が、兵卒をまねきよせ、また人数をはかって進軍させるときにこの麾をもちいる。それでこれを招きともいう。歌舞伎の元祖お国がはじめて京都の北野で芝居興行のときは、白幣を櫓の四隅にたてた。天正年間から寛永ごろまではこの白幣であったが、歌舞伎の名目が物真似狂言尽しとなってからは、神仏も俗塵にまじるという心から、明暦年間になって麾にかわった。これをいまは梵天という。

この文にあらわれる年号そのほかはまったく信用できないが、はじめ御幣だったものがのちに采配（麾）にかわったという部分は櫓の機能の変化をしめしていて興味ぶかい。「麾」はもともと「キ」と発音して「さしまねく」という意味をもっている。近世では采配の「采」とまったくおなじ意味にもちいられて発音も「ざい」であらわされている。御幣が麾にかわったということは、神をまねく信仰の道具から人を統治する政治の道具に機能が変化したことをしめしている。

芸能の興行は中世までの宗教的な意図をもった勧進から、近世の一般大衆相手の経済行為へと推移した。そのさいに、勧進興行を支配した寺社権門にかわって、直接の統制にのりだしてきたのが幕府権力であった。宗教勢力から政治権力へという変化がそこにあった。『歌舞妓事始』は幣から麾への交替を示唆してその事実を指摘していた。

近世興行制度を象徴する櫓

江戸時代における演劇の興行制度が整備された時期はだいたい寛文年間（一六六一～七三）から延宝年間（一六七三～八一）のころにもとめられる。

京都ではこの時代につぎのように多くの芝居の名代が興行をみとめられている。

歌舞伎

村山平右衛門　布袋屋《ほていや》梅之丞　夷屋《えびすや》松太夫　豊後屋団右衛門　亀屋久米之丞

大和権之助　都万太夫　早雲長太夫

女舞

大頭柏木　笠屋三勝　笠屋新勝

れんとび（蓮飛）

唐人与右衛門
からくり
竹田出雲

ことに寛文九年（一六六九）には右と一部かさなりながら新旧九つもの芝居が興行をみとめられ、近世全期にわたる名代の主要なものがこの年にでそろっていた。

江戸においても各地に分散していた興行地がほぼ堺町、木挽《こびき》町、葺屋《ふきや》町に集中してくるのが寛文・延宝期であった。また、多くの芝居小屋との生きのこりをかけた競争にうちかって、中村・市村・森田・山村の四座が大芝居としての地位を確立し、江戸の中心地における興行権を独占するようになったのもこの時期であった。

大坂については、京都や江戸ほど初期の芝居興行の実態をしめした確実な資料を欠いている。『古今役者大全』（寛延三年刊行）そのほかによると、道頓堀の地に寛永（一六二四～四二）のはじめから若衆歌舞伎や女歌舞伎が興行していたが、停止、再興をくりかえし、歌舞伎、操り、からくりなどの芝居が道頓堀の南がわと浜（河岸）がわをうめるようになったのは、明暦から寛文にかけての二〇年ほどのあいだであった。

櫓が幕府から許可された興行権の象徴と意識された時期はかなりふるくさかのぼる。貞

享元年（一六八四）には成立していた京都の地理案内書『雍州府志《ようしゅうふし》』には、城の櫓に似ているから櫓とよばれると説明したのちに、

かつて板倉伊賀守勝重が京都の所司代であった時代に七ヵ所の櫓を許可し、この七ヵ所のほかは櫓をあげることを禁止した。櫓のないのを小芝居と称した。

とのべている櫓はあきらかに興行権と意識されていた。

京都所司代の板倉勝重が京都に七ヵ所の芝居を許可した時代は元和（一六一五〜二四）のころといわれている。このころに櫓が興行権と意識されていた可能性はたかい。『歌舞伎年表』（岩波書店）が引用する元禄二年（一六八九）の京芝居の調書には「矢倉芝居」ということばが、「小芝居」「小見世物芝居」「宮芝居」などとならんでもちいられている。絵画資料のほうで梵天が櫓にあらわれる四周時代のB様式のときに、現実に櫓が興行権とかんがえられるようになったとみてよい。両者は対応する現象であった。

寛文を中心とした時代は近世の演劇史で注目される変化のあったときであった。

歌舞伎では上方と江戸ともに引き幕が工夫されて多幕劇がうまれた。操り浄瑠璃では金《きん》平《ぴら》浄瑠璃が正面きって政治を主題にえらんで時代物の性格を決定し、井上播磨掾《じょう》・伊藤出羽掾・山本角太夫・宇治嘉太夫らの力のある太夫たちが古浄瑠璃時代の幕をとじる用意

をしていた。総じて、中世以来の宗教中心の時代がおわり、元禄の人間中心の時代への橋わたしの時期であった。それはまた神にかわる政治の時代の到来でもあり、そのときに櫓から神がきえ、権力の象徴としての麾がいれかわって位置をしめたのであった。そして政治が日常と化した元禄以降、この麾も江戸では櫓から姿をけし、上方では形骸化した慣習としてのこった。

看　板

はじめ芝居小屋は屋根がなく、雨がふると休みになった。まえに引用した『歌舞妓事始』によると、雨のときには櫓《やぐら》に幕をはらず、槍そのほかのなかの置物をひっこめておくことによって休演の合図にしたという。しかし、十八世紀のはじめ、享保（一七一六〜三六）のころには屋根をつけることが幕府によってみとめられ、雨天でも芝居興行ができるようになった。

芝居小屋の表を観察する

江戸時代の中ごろの芝居小屋の表の様子をこれも絵画資料によってすこしこまかに観察してみよう。いま、われわれは江戸の堺町の中村座のまえにたっているとしよう。

まず目につくのは、正面におかれた、横にながい縁台のうえにたちあがって、にぎやか

元禄時代の江戸中村座の櫓と看板（東京国立博物館所蔵『中村座図屏風』）

に客をよびこんでいる「木戸芸者」たちである。木戸は出入り口、芸者は役者の意味である。人数は五、六人、右手に扇子をもち、その日の芝居の見所《みどころ》とおもな役者の顔ぶれを声色などをつかって紹介しながら、身ぶりと扇子のたくみなさばきで客をなかにさそいいれている。かれらは、出入り口の警備や整理をおこなった木戸番であり、特製の羽織をきていたので木戸羽織ともよばれた。

出入り口は四つあった。むかって右がわから、東がわの桟敷の出入り口、東の鼠木戸《ねずみきど》、西の鼠木戸、西がわの桟敷の出入り口の順にならんでいた。桟敷の出入り口が桟敷客のものであり、土間の客は二つの鼠木戸から出入りした。鼠木戸は鼠の穴のようにせまいところからきた名であった。

芝居小屋の正面には積み物がうずたかくつみあげられて景気をあおっていた。積み物は後援団体がひいきの役者たちや音楽連中におくった酒樽・米俵・炭俵などであった。江戸では吉原・魚河岸・青物市場などがこの積み物をする団体にきめられていた。屋根のまんなかには前節までにくわしく説明した櫓がすえられ、そこには中村座の紋である銀杏《いちょう》の葉をそめだした幕＝櫓幕がはられ、大芝居の伝統をほこっていた。櫓のしたには座のもちぬしである中村勘三郎の名をかいた看板があり、その両がわには出演中の主要な役者の名をしるした看板がかけられていた。この看板は「櫓下《やぐらした》」とよび、そこに名をしるされることは役者にとって最大の名誉であった。

櫓下の両がわにも多くの看板がかけられていた。舞台の見所をしめす「絵看板」、筋や配役をしめす「文字看板」などである。絵は主として鳥居派とよばれる専属の絵師たちが担当し、文字看板は勘亭流《かんていりゅう》とよばれる独特の書式にしたがっていた。

看板の意味をさぐる

江戸の劇場をえがいた芝居図で絵看板をみることができる時期は享保時代（一七一六～三六）にくだるが、浮世草子の挿絵にまで捜索の範囲をひろげると、宝永六年（一七〇九）に刊行された『風流鏡か池』の中村座の芝居小屋の正面に絵看板のみられることが報告されている（赤間亮「江戸歌舞伎の絵看板と鳥居派の活動」『歌舞伎　研究と批評　14』歌舞伎学会）。江戸では元禄をすぎるころから絵のある看板を劇場の正面にかかげるようになった。

一方、上方では江戸にさきんじて元禄時代の末には絵看板のあった資料がのこされている。近松門左衛門との合作で活躍した歌舞伎狂言作者の金子一高の日記『金子一高日記』の元禄十一年（一六九八）の記事にあきらかな絵看板の記録があらわれている。また大坂では元禄十六年（一七〇三）の役者評判記『役者御前歌舞妓』の挿絵に絵看板をみることができる。

操り浄瑠璃では歌舞伎よりもはやく延宝（一六七三～八一）ころから絵看板のだされていた明確な絵画資料が存在する。常識的に判断すれば、歌舞伎の絵看板は操り浄瑠璃の絵看板にならって慣習化したとみるべきことになる。

しかし、いまわたしが「看板の意味をさぐる」という奇妙な小見出しでこれからかんがえようとしていることは、芝居小屋の正面に絵看板や文字看板をかかげさせる深層の精神の問題である。これまで本書で芝居小屋の舞台が中国にまで源流をさかのぼることのできるシャーマニズム系の神社建築に由来することを力説してきた。また、小屋の正面の櫓が神をまねくための祭壇であったことも説いてきた。このような事柄はいわば当時の人びとも意識していない深層の精神構造、心理学でいう深層無意識にかかわる問題である。しかし、深層の無意識が人間の意識生活を支配するように、芸能史においても深層の意識下にとじこめられた精神が大きく芸能の本質や方向を規定していく。本書の中心主題である源流をさかのぼることの重要性もそこにある。深層の精神構造は芸能の普遍的性格をしめし、史実は独自性を表現する。普遍的性格と独自の性格の両面があきらかになったときに芸能の本質が完全に解明されることになるのである。

日本における看板のはじまりは奈良時代にまでさかのぼることができる。都の東西市で見世棚にしるしをたてて店や商品の名をしるしたものがあった。これは法令として強制されていたらしく、天長十年（八三三）に成立した『令義解《りようのぎげ》』に「店舗ごとに看板をたてて商品の名をしるせ」とある。『令義解』は『養老令』の解説書であったので、奈良時代からすでにこの法令はだされていたとみてよい。板にしるして長年の使用にたえる看板がみられるのは室町時代の末ごろからであり、江戸時代にはいって商業活動がさかんになると看板もさまざまな形態があらわれるようになる。歌舞伎芝居の看板もこの日本の看板の歴史のなかに位置づけて疑問はないのであるが、日本の看板の歴史をさらにさかのぼると、中国の看板にゆく。

看板の源流

現在の行政法・訴訟法などに相当する『養老令』は対をなす刑法に相当する『養老律』とあわせて『養老律令』とよばれる。八世紀前半の養老年間に編纂がはじめられたのでこの名がある。いまは散逸してしまった八世紀はじめの大宝律令とならんで日本の律令政治の根幹となった法典であったが、その手本は中国の律令にあった。さきの『令義解』の看板について規定した令の本文は、

毎肆立標題行（肆は店、行は商品名の意味）

とある（『日本思想大系　律令』岩波書店）。この文字の用法と表現からみても手本は中国、ことに唐代律令にあったとみてよいが、ただ直接に唐代律令によってこの本文が成立したとみるよりも、近江令、浄御原令《きよみはらりょう》、大宝律令などを媒介としての摂取であった。

中国では竿の先につけた布製の看板のうち、四角のものを旗《き》、長方形のものを旆《はい》といった。唐詩などによまれた市の酒屋でそのような看板をみとめることができる。また木製の看板を招牌といい、十世紀の宋代の絵画などによくあらわれてくる。

このような日中双方の看板の源流をさらにさかのぼってゆくとシャーマニズムの系統の祭りの祭壇のまえにはりわたされた神々をまねくビラにたどりつく。中国語で榜《バン》という。中国の祭りでは祭壇のまわりに東西中南北の五つの方角の神々をまねくめじるしとして、五色の幕や神々の姿、または乗り物、他界での神の宮殿などをえがいた絵、神名をかいたビラなどがびっしりとはりわたされる。まったくおなじ情景は韓国の祭りでみることができるし、すこしかたちをかえて日本の民間神楽系統の祭りにもみることができる。日本のばあい、神の名をビラにかいてはりわたす例はよくみられるが、神の形を絵にえがいてはりわたす例はとぼしい。かわって仮面や切り紙などがその役をはたしている。

もともと神の姿は人間の目にはみえないものであったが、人格神が想定されるようになると、神々の姿もみえるようになり、その想像上の姿が仮面や絵として表現されるようになった。歌舞伎の芝居小屋の絵看板の遠い源流もこの祭壇まえのかざりにもとめることができる。

花道

前節で説明した芸能史における深層の精神構造という考えかたがもっともよくあてはまる問題の一つが歌舞伎の花道である。花道は歌舞伎独自の舞台構造として説明されるが、それをささえる深層の精神構造をかんがえるとアジアの祭りに普遍的な神の祭壇への登退場の道にいたる。歌舞伎の独自性と普遍性をもっともよくしめすものが花道である。

史実としての花道

まず独自性からみてゆこう。

江戸時代の舞台史の事実としてかんがえたときに、花道は付け舞台からうまれた。初期の歌舞伎の舞台が能舞台をうけついだことについてはまえにくわしくのべた。元禄以降、

元禄時代の江戸の芝居の花道

歌舞伎が多幕劇の時代をむかえて脚本が複雑になってゆくと、舞台の登場人物がふえ、大道具・小道具が発達して、三間四方を基本とした能舞台ではせまくなって、舞台は拡大してゆく。拡大してからも、歌舞伎関係者はもとの能舞台を本舞台と称して破風《はふ》の屋根や柱とともに能舞台を保存していた。付け舞台はこの本舞台のまえにはりだした拡大舞台をいったが、ほかに二つの意味があった。

一つはふつうの舞台のまえに舞台からへだててつくられた小さな舞台であり、もう一つは、この小さな舞台と本舞台をむすんだ通路のあゆみ板がのびて、舞台とむきあう向こう桟敷とつながったものである。このあゆみ板が花道になってゆく。

このあゆみ板が花道になってゆく過程を検討してみる。

元禄時代の名優の芸談やエピソードをあつめた『役者論語《やくしゃばなし》』のなかの「続耳塵集《ぞくにじんしゅう》」につぎのような話がつたえられている。

花車方《かしゃがた》（ふけおやま）の小勘太郎次が三十歳ほどの女房に扮して、顔のかくれる外出用のびらり帽子をかぶって初日の出番まえに付け舞台からおりて向こう桟敷の下にたっていた。おなじ芝居に出演していた一座の役者がやはり向こう桟敷へまわったとき、この太郎次のうつくしい女姿をみて、ほんとうの女性の観客とおもいこんで太郎次の尻にふれてしまった。

この話をかきとめた編集者は花車方の名人小勘太郎次のエピソードとしてこのユーモラスな失敗談をつたえている。それはそれとしておもしろいが、いまここで問題にしたいのは、付け舞台と向こう桟敷の関係である。この付け舞台を通常のはりだし舞台とみると両者の配置がなんとも理解しにくいことになる。もしこの付け舞台がはりだし舞台なら向こう桟敷とのあいだには俗に平土間とよばれたもっともひろい観客席があったはずである。小勘太郎次は舞台に登場する扮装でわざわざ土間の観客をかきわけて向こう桟敷の下にまでいったのであろうか。

花道誕生までの経緯

当時の歌舞伎の脚本には役者が付け舞台から登場してくる例を数多くひろいだすことができる。

というているところへ、浅野数馬、傾城になり付け舞台より道中ありきたる。

付け舞台より数馬、浪之助、がん兵衛、歌蔵、いずれも網をもちでる。

（元禄六年『好色文伝授』）

ところへ付け舞台より八重桐、常之丞、惣左衛門、三郎介でる。

トこれまでは付け舞台。これより本舞台へゆき、常之丞、内へはいる。

（宝永七年『心中鬼門角《きもんのかど》』）

資料はもっとふやすことができる。それらを検討すると、付け舞台が花道とおなじ機能をはたしていたことはあきらかである。

花道ということばの用例もかなりふるくからあらわれている。文献のうえでは、いまのところ、延宝二年（一六七四）の日付をもつ『舞台桟敷仕用帳ひかへ帳』という能舞台の設計図にみえるのが初出例であり、ついでは延宝七年（一六七九）に刊行された俳諧選集『道頓堀花みち』にも用例がでる。また絵画では貞享期（一六八四〜八八）から作例をみることができる。

そのほか花道について注意される点をぬきだしてみる（拙稿「花道の誕生」『歌舞伎の方法』勉誠社、参照）。

① 花道は歌舞伎の舞台だけではなく、近世には人形操り、能の舞台にも存在した。

② 花道ははじめ常設ではなく臨時のものであり、つけられる位置も舞台の上手（むかって右がわ）と下手（むかって左がわ）の両方の例があった。

③ 花道が仮設であった延宝から正徳（一七一一〜一六）くらいまでのあいだ、付け舞台と花道という二つのことばが共用されていた。

④　歌舞伎の舞台で花道が舞台下手に常設されるようになったのは享保（一七一六〜三六）にはいってからであり、おなじころ付け舞台ということばも文献からきえて花道ということばに統一された。

以上が史実としての花道の誕生の筋道である。

花道を深層でささえる精神

花道の成立についてはこれまでにいくつかの有力説が提出されている。代表的なものを紹介しよう。

最有力説は橋掛りから転じたというものである。橋掛りは舞台と楽屋をむすぶ下手の通路である。享保年代に芝居小屋に屋根がつけられ、小屋全体がせまくなったためにこれまでの橋掛りの長さが短縮されたことと、採光不十分なために上手の桟敷から橋掛りの役者の演技がみえにくくなったことの二つの理由によって、橋掛りを土間のほうへ九〇度転回させ、「新橋掛り」として花道がうまれたというのが代表的な主張である（須田敦夫『日本劇場史の研究』相模書房）。

橋掛り説とならんで有力なのが、観客席をとおってつくられた花（纏頭《はな》、祝儀のこと）をおくる道からうまれたという説である。花道は観客がひいきの役者におくる花をもちこんだ道であるという考えである（後藤慶二『日本劇場史』岩波書店）。

民俗芸能の延年の舞や三河の花祭りなどにあらわれる演者の登場する道に起源をもとめる説もある。延年の舞にあらわれる「花杖の児《ちご》」や花祭りで少年たちによって演じられる「花の舞」に注目して、これらの演者の登場する道を花道といい、それらが歌舞伎の花道の原型になったという推定である。インドなどの事例も考慮にいれながら、花道は、神がその在所をでて民衆のあいだに出現するための通路であったとする（池田弥三郎『江戸時代の芸能』至文堂、青江舜二郎『日本芸能の源流』岩崎美術社）。

この三つの有力説は一見相互に矛盾しているようであってじつは見方の違いにすぎず、したがって、すこし修正すれば、共存することが不可能なわけではない。橋掛り説は歴史的事実としての花道の成立を説明しようとしたものであり、神の通路説はその深層の構造をあきらかにしたものである。また花をおくる道という考えは花道という名の由来をしめしているものであって、ほかの二説と共存することができる。

ただ、橋掛りと花道とはまったく起源を異にした建築物であり、花道がうまれてからも橋掛りは存続していたという事実によって、橋掛り転化説は否定されなければならない。歴史的事実の花道はすでに検討したように付け舞台から誕生した。

花道ということばの由来

また、花道ということばの由来については、いまのところ祝儀としての花をおくる道という説にもっとも妥当性がみとめられる。近世のはじめに観客席をつらぬいて花をおくる道が架設されていた絵画資料としては『新撰古今役者大全』巻四（寛延三年）の挿絵をあげることができる。そこには観客席のほぼ中央をつらぬいて板づくりの道がもうけられ、そのうえを花をそえた贈り物の箱をはこぶ二人の男がみられる。絵にはつぎのような説明がそえられている。

承応のころの歌舞伎は（中略）舞台へ往来する道をつけ、見物から役者へいろいろな贈り物をするさいに季節の花をおりそえておくったので、いまにいたるまで役者への贈り物を花といい、花道というのもむかしからのよび方であるとつたえられている。

ほかにこの種の資料をもとめることはできず、この挿絵や説明をそのままに信用することはできないが、しかし、花道ということばの明確な用例が近世以前にさかのぼることができない現在、この説にしたがうのが無難であろう。

近世の歌舞伎の舞台の花道をもうけさせた深層の精神は祭りの場で祭壇にむかってつくられた神の道にある。

日本の愛知・静岡・長野の三県にまたがる天竜川ぞいの各地で年の暮れから正月にかけ

愛知県北設楽郡古戸の花祭りの祭場の天井に張られた神道

て演じられる湯立て神楽の花祭りの場には神の登退場する神の道がつくられている。祭場の中央の天井につるされた神の座の天蓋（白蓋《びゃっけ》）にむかって四方からひきわたされた綱である。神々はこの神の道をとおっていったん仮設の祭壇である天蓋にとどまり、その下方に展開する神楽を人びととともにたのしむことになる。

この神の道にあたるのが中国の民間の祭りにみられる法橋である。法橋は祭壇と祭場の外をむすんではりわたされた布で、神々がこの布の橋をとおって登退場するものと観念されている。しかも注目されるのは、中国の漢民族や少数民族の祭りではこの神をむかえるさいに、この法橋に花びらや紙の御幣がまきちらされることである。花道ということばのとおい由来をしめしている。

韓国の各種のシャーマニズム系統の祭りでも祭場の天井に色あざやかな帯状の布が交錯して三筋、四筋とはりめぐらされている。日本の神の道とおなじ観念が支配していたことがあきらかである。

神社の配置と花道

日本の神社ではふつうには、A神殿＝祭壇、B拝殿、C神楽殿の三者が縦に一列に配置させられている。この配置は中国の道教系の神社でも同様である。この神社型で神の道はこのABCをむすんで設定される。図示すれば

祭壇にむかって張られた神の道　中国貴州省

つぎのようになる。

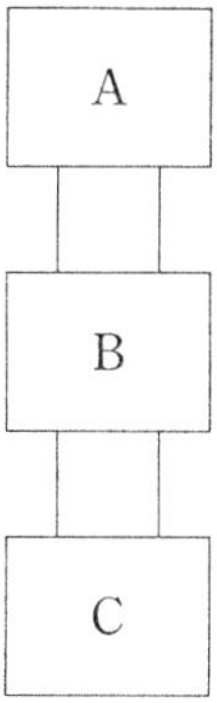

日本の民間祭祀では拝殿と神楽殿が一つになって舞庭とよばれ、架設の祭壇のまえの広場がそれにあてられる。

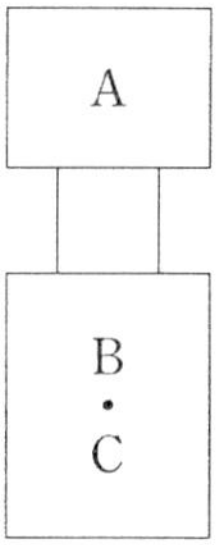

と図示することができる。中国や韓国の民間祭祀の場の配置も基本的にこの日本の民間祭祀型に一致している。

歌舞伎の小屋の花道と舞台の関係は民間祭祀型というよりもオーソドックスな神社型をうけついで若干の変更をくわえたものであった。Aの神殿が櫓、Bの拝殿が観客席、Cの神楽殿が舞台である。したがって神の道である花道は中央をつらぬいて三者をむすぶのが本来であり、『新撰古今役者大全』の挿絵はその原型をしめしている。神の座としての櫓がその本来の機能をうしなって権力の象徴となることが確信されたときに、花道は櫓の位置からずれて下手に移動したのである。

色彩が象徴するもの

歌舞伎の隈取

隈取はどのようにして発生したか

中国の瞼譜《れんぷ》
人形の首《かしら》
仮面
仏像彫刻
古代日本人の顔面装飾

隈取《くまどり》はある種の超人的な力をあらわすために歌舞伎の役者が顔にほどこす化粧法である。隈取がどのようにして発生したかという問題については、これまでにその由来を、などにもとめる説がだされていて、まだ決着をみていない。

歌舞伎の隈取は初代の市川団十郎によって延宝元年（一六七三）に江戸で発明されたという有力説があるが（伊原敏郎『日本演劇史』藤森書店）、この年号をそのままでみとめることはできず、隈取があらわれるのはもうすこし時代がくだる。

隈取ということばがはじめてあらわれるのは正徳五年（一七一五）刊行の役者評判記『役者反魂香《はんごんこう》』であるが、隈取をほどこしていたのではないかと推定される役者の演技の記事は元禄時代のはじめから役者評判記にみることができる。

いたいけな顔を真赤なしゃ面《つら》にそめなしての金平《きんぴら》

（元禄六年・古今四場居色競百人一首）

この人その機にあたり、面に紅粉《べに》などを赤くぬりつけて

（元禄十四年・役者万石船）

浮世絵の役者絵なども参照すると、元禄時代には江戸歌舞伎を中心に隈取はかなり一般化しており、顔をぬりつぶすだけではなく、筋をひく筋隈、片がわをうすくぼかす「ぼかし」の手法などもつかわれていたことがわかる。

こうした隈取の開発者として初代の市川団十郎をかんがえるのは的はずれとはいえない。

かれは赤色や赤色以外の色彩の隈取をほどこした先駆者であり、全身をそめることもかれにはじまったようである。かれをえがいた浮世絵では顔面からはじまって全身に朱色をぬった初代鳥居清信の丹絵《たんえ》の「竹抜き五郎」図はよくしられている。子供の二代目市川団十郎が享保五年（一七二〇）父の追善に編集刊行した句文集『父の恩』にも全身に紅粉をぬる工夫は父の団十郎からはじまったとのべられている。

そののちも江戸の荒事《あらごと》系統の役者によって多様な隈取が工夫されていった。

二代市川団十郎　眼のふちを赤くいろどるムキミ

初代中村伝九郎　曾我狂言の朝比奈の猿隈

初代山中平九郎　般若

などである。

荒事は金平浄瑠璃の影響を受けた

隈取は江戸の荒事とむすびついて開発された化粧法である。当時の江戸人の認識によると、荒事は初代市川団十郎が貞享二年（一六八五）にはじめたものという。元禄十五年（一七〇二）に刊行された役者評判記『江戸桜』の初代市川団十郎の記事に、

金平六条通で荒事をひろめ給うた……

とあり、そののちに刊行された役者評判記はきまってこの記事を引用している。初代の団十郎はその前年の貞享元年（一六八四）にはおなじように荒事系の役である鳴神上人、坂田金時などを演じていた。にもかかわらず、元年が荒事のはじめとされずに、二年の「金平六条通」が荒事の最初とされたのは、金時ではなく金平が荒事とどくにふかいかかわりをもつと当時の人に意識されていたからであろう。金平は金平浄瑠璃とよばれた人形劇の主人公であり、団十郎はそれを歌舞伎にうつして演じたのであった。

金平浄瑠璃は江戸時代前期の十七世紀半ば、明暦から寛文にかけて、江戸と上方でさかんに上演された人形芝居の一種で金（公《きん》ともしるした）平節ともいう。

その名の由来は、平安時代の中ごろに実在した源氏の武将源頼光の家臣四天王の一人坂田金時に架空の子供金平を設定し、この金平を中心に、これもフィクションのほかの四天王一人武者の子供たちを活躍させたことによる。すなわち、坂田金（公）時の子金（公）平にくわえて、渡辺綱の子竹綱、碓氷定光の子定景、卜部《うらべ》季武《すえたけ》の子季春の四人と、一人武者平井保昌の子鬼同（童）丸である。

親の四天王ではなく子供の四天王を活躍させたところに金平浄瑠璃の特色があったのであり、それだけ自由にフィクションの世界のなかで想像力をはばたかせることができたのであった。

歌舞伎の荒事をなりたたせる重要な役柄は、立役《たちやく》、敵役《かたきやく》、鬼神《きしん》の三つであり、当時、事とよばれた演技の類型はつぎのように整理される。

立役系　　実事
鬼神系　　死霊事
立役系・敵役系　　武道事
立役系・敵役系・鬼神系　　拍子事

実事は真実事の略語で、人間の誠実、忠義などを表現する演技のパターンである。死霊事は幽霊・妖怪のたぐいをあらわす演技であり、武道事は太刀打事《たちうちごと》ともいい、武士の太刀をつかっての闘争、拍子事は舞踊などリズムにのった身体のうごきを表現している。

以上の考察を参照して、結局、荒事の本質はつぎのようにまとめることができる。

荒事は貞享期の江戸にうまれてそののちの江戸歌舞伎の主流となった演技の体系であり、筋や役柄の面からは立役・敵役・鬼神の三系列、演技のパターンの面からは、実事・死霊事・武道事・拍子事の四つをもっとも重要な構成要素とする。

このような荒事の本質はそのままに金平浄瑠璃にそなわっていたのであり、歌舞伎の荒事は金平浄瑠璃の影響下に成立した。

当顔見世芝居に安倍の宗任《むねとう》の役、吉例にしたがって顔を隈取り、公平人形のこしらえですっとでられた様子は……鼠色のお顔にくらべてはやさしく、むかしの荒事以前の宗任をみるような気分です。

人形首の色彩の意味

まえにも引用した正徳五年（一七一五）の役者評判記『役者反魂香』の江戸の実悪役者浜崎磯五郎についての記事である。かれの鼠色を基調とした隈取を「公平のこしらえ」といっている。公平人形の首《かしら》と隈取の類似性をためらうことなく断定した批評である。

現在にのこされている古浄瑠璃系統の人形首はおよそ一三〇点ほどである（斉藤清二郎「現存する古浄瑠璃の首」『古浄瑠璃正本集第六』角川書店）が、そのなかにはかなりの数の金平浄瑠璃の首もまじっている。

古浄瑠璃系の人形首がつたえられているのは石川県石川郡尾口村東二口人形座、静岡県榛原郡吉田町の永竜寺所蔵の江戸和泉太夫座、佐渡説経座などの伝来品を主要なものとして、ほかに、

東京都西多摩郡奥多摩の川野集落
鹿児島県薩摩郡東郷町斧淵

天竜川流域の山峡地方などにもつたえられている。

これらの各地に保存されている人形芝居の現状は、説経浄瑠璃、文弥節《ぶんやぶし》、間狂言《あい》の道化人形などの名称のもとに上演されてきていて、かならずしも金平浄瑠璃としては伝承されていないが、出し物を検討すると、金平浄瑠璃とかんがえられ、首ももともとは金平浄瑠璃系であったとみなされるものがかなりの数にのぼる。それらの首の色彩表現をしらべてみる（拙稿「隈取・人形・仮面」『歌舞伎の方法』勉誠社、参照）。

古型の金平人形の首でまず注目されるのは、赤・緑・青・褐色などの色彩を顔の全面にぬった首が存在し、それらがいちように白色の常人にたいし、超能力、悪、邪悪などを表現していることである。

具体例をあげて説明しよう。まず真紅にぬった首としては赤鬼・酒呑童子《しゆてんどうじ》、緑がかった首としては間狂言の下《しも》ン長《おさ》・般若《はんにや》、藍色《あいいろ》にぬった首としては青鬼・青首、薄赤の首としては火鬼・坂田金時などが現存する。ここにはあきらかに顔面の色彩によって役柄の性根を観客にわかりやすく提示しようという意図がはたらいており、しかも、陽性をあらわす暖色の赤色系と陰性をあらわす寒色の緑・青などを対立するものとしてとらえている。

まえにのべた金平浄瑠璃の立役、敵役、鬼神の三系列の役柄にこの首の色彩を対応させると、

立役――暖（薄赤）　坂田金時
敵役――寒（藍）　青首
鬼神┬暖（紅・褐色）　赤鬼・酒呑童子・火鬼
　　└寒（緑・藍）　般若・青鬼

となって、顔の色彩は超能力のもち主である鬼神系にゆたかである。顔の色彩は本来は超能力をあらわすもので、のちに陽性の暖色が立役に、陰性の寒色が敵役に分与されたのではなかったかと推測されるのである。

人形首と隈取の比較

この金平浄瑠璃の首の色彩配合とくらべてみるために、歌舞伎の隈取を立役、敵役、鬼神の三系列に分類して表にしてしめす。

両者を比較して気のつくことの第一点は、歌舞伎の立役系の隈取が紅地であるのにたいし、金平人形の立役では薄赤しか発見されていない。色があせているということを考慮しても人形首のほうが色彩がうすい。この事実は、荒事の主人公と金平浄瑠璃の主人公のちがいをしめす示唆ぶかい現象であるかもしれない。

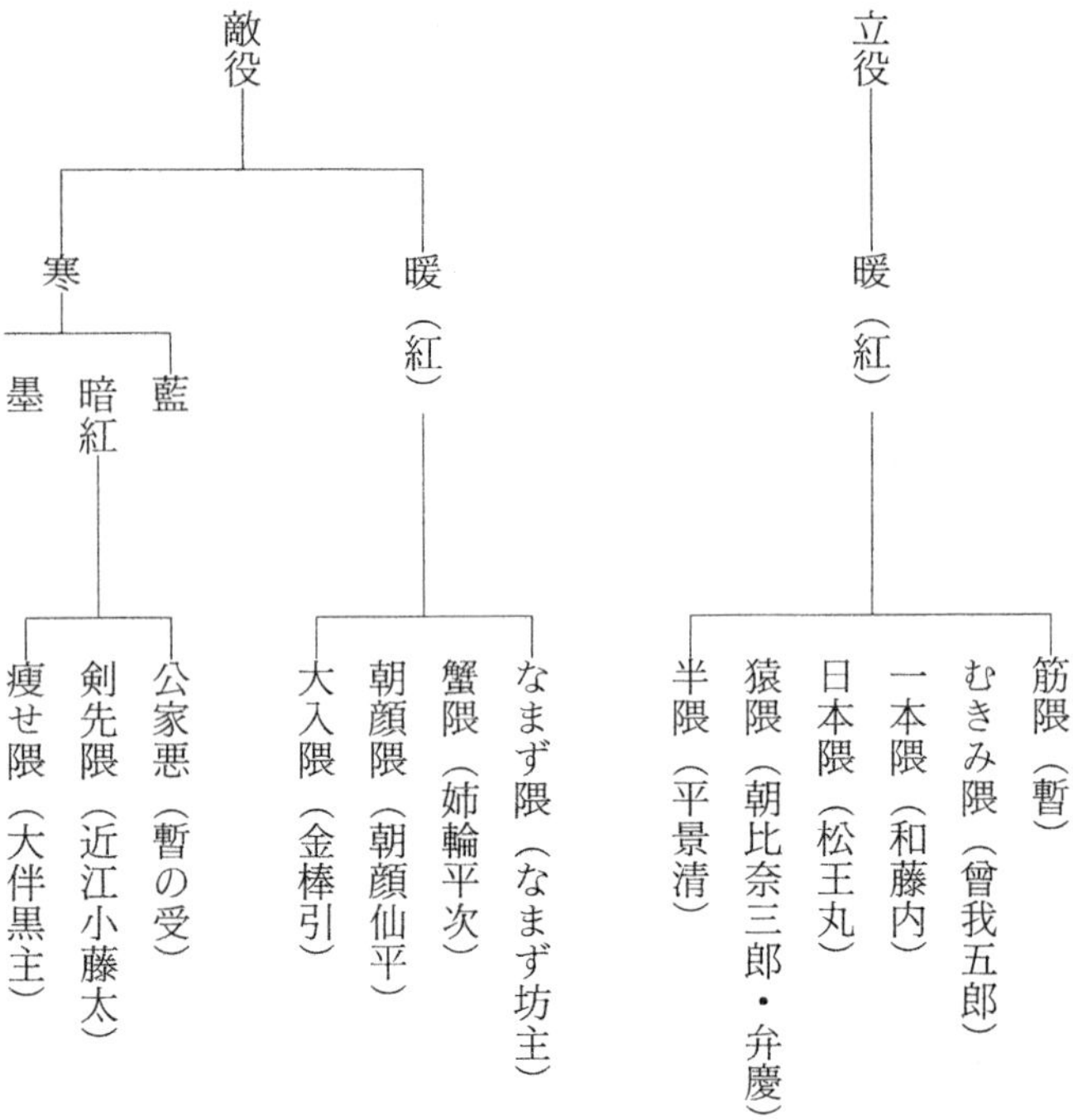
立役
暖（紅）
筋隈（暫）
むきみ隈（曾我五郎）
一本隈（和藤内）
日本隈（松王丸）
猿隈（朝比奈三郎・弁慶）
半隈（平景清）
敵役
暖（紅）
なまず隈（なまず坊主）
蟹隈（姉輪平次）
朝顔隈（朝顔仙平）
大入隈（金棒引）
寒
藍
暗紅
墨
公家悪（暫の受）
剣先隈（近江小藤太）
痩せ隈（大伴黒主）

- そのほか

- 鬼神
  - 暖（紅）
    - 火炎隈（平忠信）
    - 石橋の隈（獅子の精）
    - 鏡獅子の隈（獅子の精）
  - 寒
    - 藍
    - 暗紅
      - 般若隈（小坂部狐）
      - うわなり隈（うわなり）
      - 亡霊の隈（平知盛）
      - 土蜘蛛隈（蜘蛛の精）
      - 鬼女隈（茨木童子）
    - 墨
    - そのほか

両者共通に色彩は超人性を誇示し、白色をふくむ無地は常人を表現している。歌舞伎の立役の隈取が紅色であるということは、薄赤であらわされる金平浄瑠璃の主人公と比較して、荒事の主人公がよりつよい超人性をもっていた事実を意味している。ことに初代の市川団十郎自作自演の主人公は、この世での姿は神仏の化現であって、大詰めに神や仏の本

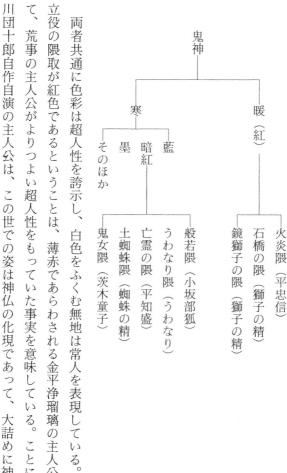

体をあらわしておわる作品が一二作のなかで五作をかぞえ、それ以外の作品でも、かれは常人をこえた異常能力のもちぬしである。

もちろん、金平浄瑠璃の立役たちも常人とは隔絶した力の体現者ではあるが、神や仏のかりの姿としてあらわれることはなく、かなり明確な合理主義の支配下にある。かれらは荒事の主人公ほど自在に神仏と交流していない。

つぎに注意される点は、隈取の敵役には暖色系の隈取をする役柄が存在するのに、金平人形の敵役の首は寒色だけであることである。しかし、これもたちいって検討すると、敵役の暖色系統の役柄とその隈取はすべてかなり時代のくだったもので、歌舞伎が独自に発展していく過程でうみだしたものであることがわかる。

なまず隈（なまず坊主）

蟹隈（姉輪平次）

朝顔隈（朝顔仙平）

大入隈（金棒引）

敵役で暖色をもちいたこの四種はいずれも十八世紀以降に工夫された戯《ざ》れ隈で、陽性な敵役、つまり半道敵《はんどうがたき》にもちいられる。半道敵は歌舞伎の舞台で敵役から発展分化したもので、金平浄瑠璃の人形首にあらわれていないのは当然であった。

以上の二点をのぞけば、歌舞伎の隈取の色彩配合は金平人形の首のそれとおどろくほどの一致をみせている。

ただ、問題としてのこるのは、隈取の中心をなすのが筋隈であるのにたいし、金平人形の首は全面をぬりつぶしていることである。隈取でも全身をぬりつぶす化粧法が初代団十郎の工夫によってはやくから誕生していたことはすでにのべた。しかし、そののち隈取の

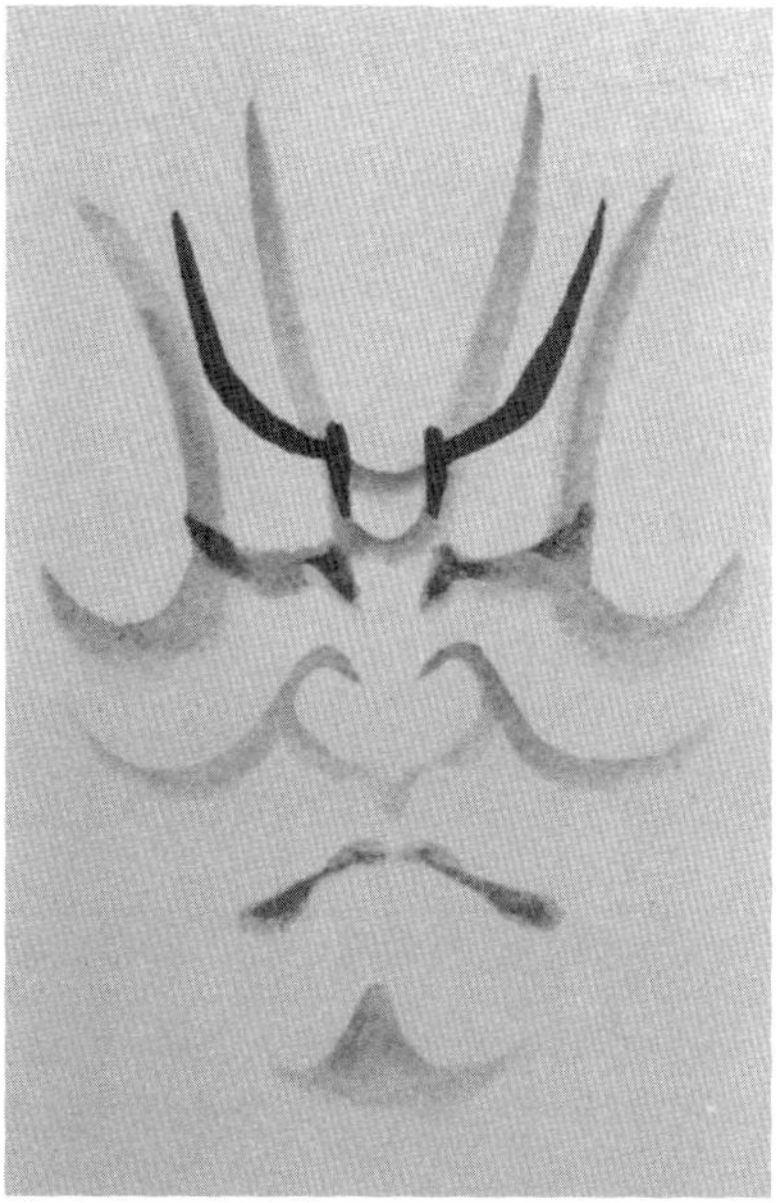

歌舞伎の隈取

主流は筋隈にうつってゆく。

現存する金平人形の色彩

現存する金平人形の首には、明確に筋隈をほどこした作品は一点もない。しかし、筋隈に発展する可能性を秘めた首なら幾点も存在する。たとえば佐渡の人形芝居につたえられた酒呑童子である。かなり剝落がはげしいので元来の色彩配合をみることは困難であるが、現況の色彩配合でみると、眼とくちびるは金色、そのまわりは朱色、眼や口のまわりの凸部は藍色である。この藍色の部分は青鬼や火鬼の首から判断すると、全面にぬられていたものがはげおちて、凸部にだけのこったものとかんがえられるが、むきだした眼、しわのはげしい切りこみ、口の周辺の朱など、筋隈に移行できる力強さをしめしている。

首の全面をぬりつぶした青鬼や火鬼にしても、眼や口唇部は別系統の色をつかい、しわの切りこみはおのずから凸部とは別種の色彩感覚をうんでいる。

筋隈そのままの化粧法を人形首にもとめることは、現存の古型首ではまだ成功していないが、そのヒントをあたえる可能性をもった首ならば幾点も発見できるのである。

和泉太夫所の金平の人形出たと市村座の平十郎と同じ事なり。

（貞享五年『野郎役者風流鏡』村山平十郎）

人形同然に面を青黄赤白黒にぬりまわし……

（享保十四年『役者二和桜』沢村宗十郎）

などの記述の信憑性が現在にのこされた金平人形の首によってたしかめられたといえる。

中間表情と瞬間表情

金平人形の表情

古型の首は総じて彫りがふかく、力強くて開放的である。敵役や鬼神系の首ばかりではなく、立役や女形の首も喜怒哀楽の情をおおらかにあらわしている。娘役や御台所もつつしみをわすれて、つぶらにみひらかれた眼やかすかにひらかれたくちびるに愛嬌や媚びをうかべている。この古型首にくらべれば、現行の文楽の人形首はみごとな冷静さで自己の感情をうちにつつみこんでいる。

文楽の人形首ににるものは能面のおちついた静けさである。この能面の静けさを、ギリシア劇やローマ劇の仮面と比較して、これらのヨーロッパ古典劇の仮面がただ一つの表情しかあらわさないのにたいし、いくつもの表情の変化が可能であるとして「中間表情」とよんだのは野上豊一郎であった（『能面論考』小山書店）。野上によれば、中間表情とは、あらゆる表情の変化を研究してその共通因数的な要件をさがしだして仮面にほりつけた自在な表情であった。

中間表情という規定は能面の神秘的なまでの働きをみごとにすくいとった命名であった。これに対立するものとして、喜怒哀楽の誇張された変化をうつしとどめた伎楽面や雅楽面を瞬間表情とよぶならわしがうまれて今日にうけつがれている。

中間か瞬間かという規定をあてはめるならば、金平浄瑠璃の人形首はほとんどすべてが瞬間表情であるといってよい。喜怒哀楽のきわまった一瞬の誇張された表情をこれらの人形首はうつしとどめている。

原則として一つの表情しかあらわすことのできない瞬間表情の首によって、金平浄瑠璃が作品のながい局面をもちこたえることができたのは、つぎのような理由によってであったろう。

第一の理由は、人形操作によってある程度の表情の動きをうむことができたことである。現存する金平人形の首には引栓《ひきせん》をひくと、うなずく、眼が上下にうごく、などの仕掛けのあるものがある。

第二の理由は、同一人物でもいくつかの表情の首を用意しておき、状況におうじてとりかえてつかうというような演出をおこなったことである。

第三の理由は、金平浄瑠璃の詞章が登場人物にもとめる表情がきわめてかぎられたものであったことがかんがえられる。主役クラスであっても、怒り・愁いなど、哀から怒のせまい範囲に固定されていて、そこに驚きがくわわる程度で、のちの浄瑠璃にあらわれるような複雑で微妙な、急速に変化するような表情を要求されてはいない。歌舞伎の隈取もまた瞬間表情をあらわし、その基本の感情は怒りである。暖色と寒色のいずれか一方で、あるいは、両方をくみあわせて配色される隈取は、すべて常人をこえた力、ことに怒りがうむ緊張した瞬間を表現している。隈取は荒事とむすびついて工夫されたものであり、必然的に荒事の中心の局面を形成した怒りとかかわった。

怒りは人間の表情をこわばらせ、そのまま固定化してしまう。怒りの表現を主目的にした隈取が中間表情でありえないことは当然であったが、しかし、隈取は生きた人間の顔面にほどこされることによって多少の変化をつくりだすことができた。人間の顔は人形や仮面にくらべれば自由にうごき、固定化された怒りの表情以外の情念の表現への通路がひらかれていた。

史実に特定された隈取の誕生は瞬間表情という特性によって、金平浄瑠璃の人形首を母胎としたとかんがえてあやまりはない。しかし、視野を隈取の深層精神構造にまでひろめれば、色彩の普遍的なシンボリズムの問題がうかびあがってくる。

仮面と隈取の関係

隈取の前史をかんがえるときに人形とならんで検討する必要があるのが仮面である。それも中間表情へ進化した能面ではなく、瞬間表情をしたたかにつたえる日本古来の土俗面や、大陸文化の影響をとどめている古楽面である。

日本の仮面には二つの系統がある。一つは縄文時代からの遺例がしられている土俗的な面で、日本人のアニミズムの信仰基盤のうえにうまれた呪術的・信仰的な用途にあてられた。ほかの一つの系統は、有史時代にはいって、大陸からの文化とともにつたえられ、制作された伎楽面や舞楽面、能楽面などである。

両者は現存の形態では別系統にぞくするがひろい仮面史の視点にたてば信仰面から芸能面へつながって密接な関係のもとにある。

芸能の発生の一つのルートは神の降臨と憑依《ひょうい》をつかさどるシャーマンの行為にもとめられる。はじめシャーマンは神をまねき、みずからが神に変身するが、つぎの段階には、シャーマンは神招《お》ぎのわざだけを担当して、神がかりをしてからのちの神の所作はべつにえらばれた者が分担するようになる。俳優の誕生である。このえらばれて神に扮する者が、覆面をしたり、特殊な化粧をほどこしたりするのとおなじように、仮面をも変身のための有力な手段につかった。

仮面は発生的には人間が他界と交流するための通路としての役割をはたし、超越者を模倣する行為がやがて芸能化するとともに仮面も芸能面になる（拙著『日本の祭りと芸能』吉川弘文館）。日本にのこる二系統の仮面は仮面史のはじまりとそののちの推移をそのままにしめしている。

人間は仮面をつけることによって超能力者に変身した。この仮面の本質はそのままに隈取に一致する。

隈取はのちにさまざまな展開をとげ、敵役でも陽性の隈取をほどこすなまず坊主、朝顔仙平などの半道敵《はんどうがたき》は常人の性格をつよくのこすことになったが、もともとは、善悪ともに異常な存在を視覚化するものであった。初代の市川団十郎や山中平九郎が隈取をほどこして演じた役柄はそのそれぞれが異常な力のもち主であり、ふつうの人ではたちむかうことのできない存在であった。

仮面と隈取の本質は一致し、多くの共通点をもっているが、しかし、仮面を隈取の直接の原型とするにはためらいがのこる。色彩感覚がちがうからである。

隈取の色彩感覚にはまえにみたようにかなり明確な統一原理がはたらいている。大きくは紅を基調にした暖色系統と青を基調にした寒色系統に二分され、前者は正義・善・陽性をあらわしているのにたいし、後者は不正・悪・陰性を表現するというシンボリズムである。そしてこのシンボリズムは、わたしが隈取の直接の原型とかんがえる金平浄瑠璃の人形首とも一致していた。

伎楽面・舞楽面・能面

仮面にも、能狂言面までふくめて芸能面には色彩がほどこされている。しかし、その色彩のコスモロジーを支配する統一ルールは存在しない。

伎楽面についてみる。正倉院御物木彫二十二号、おなじく四十三号はともに酔胡従《すいこじゅう》の仮面であるが、二十二号面が寒色系の緑青色で全面をぬられているのにたいし、四十三号面は暖色系の赤褐色である。酔胡従は酔胡王にしたがって、伎楽の最後に登場する酔払いたちの一群八人からなっている。その人びとに変化をもたせるために色彩をぬりわけたものであろうが、そこには、正義対不正、善対悪、陽性対陰性といった対比の意識はみとめられない。

正倉院御物百二十四号の獅子面も法隆寺献納物二百八号の獅子児《しし こ》もともに赤褐色にぬられているところをみると、猛獣と常態の人間を色彩によって区別しようという意図もなかったとみてよい。

舞楽面はどうか。

奈良市東大寺所蔵の貴徳《きとく》と鎌倉市鶴岡八幡宮所蔵の貴徳鯉口《こいくち》はどちらも王の舞にもちいられる同一の役柄でありながら、貴徳は寒色の藍、貴徳鯉口は暖色の褐色である。おなじように、法隆寺所蔵の胡徳楽《ことくらく》と奈良市手向山神社所蔵の胡徳楽はまったく同一の役柄でありながら、前者は藍、後者は褐色である。

能面では怨霊の般若面も鬼畜のしかみ面（ともに東京国立博物館所蔵）も赤みの勝った褐色であって、暖色の赤系統の色は善や正義をあらわすという隈取の配色原理とはまったく異質である。

能面の般若は女の執念やおそろしさを表現している。その見ひらかれた眼、むきだされた歯、そしてつきでた二本の角は嫉妬や怒りのあまりに怨霊になった女性の業をみごとにあらわしている。この般若の面は「道成寺」「黒塚」「葵上」などにもちいられるが、蛇の化身や鬼女などの異類の女を表現する前二者には赤みの勝った塗りの面をもちい、高貴な女性の怨念をあらわす「葵上」では白い塗りの面をもちいる。

このようにみると、日本の芸能仮面の色彩配合の原理は自然主義的リアリズムにちかいものがみとめられ、いずれにしても、隈取のシンボリズムとはかなり異質である。

中国臉譜と隈取の類似性

隈取の直接の原型を中国劇の臉譜《れんぷ》にもとめようとする考えは現在の研究者のあいだに根づよいものがある。この項では隈取と臉譜の色彩配合を検討する。

あらかじめ結論をのべておけば、史実としての隈取と臉譜の直接関係は否定されるが、深層構造で両者はふかい関係がある。後者からみてゆくことにして、隈取と臉譜の共通性をはじめに列挙する。臉譜についての説明はとくに注記しないかぎり『中国大百科全書戯曲曲芸』(中国大百科全書出版社、一九八三年)によっている。

(1)　図案化された顔面化粧である。

臉譜の化粧の様式には〈離形〉と〈取形〉の二つの種類がある。離形は日常の自然形態からはなれて誇張して装飾し、墨・青・紅の三色を濃厚に顔にぬる様式であり、取形は日常の自然形態にもとづいて顔面に模様をえがく様式である。隈取は基本的には離形の様式にしたがっているが、なまず隈、蟹隈、朝顔隈など取形の様式も存在する。

(2)　ほどこす役柄が限定されている。

瞼譜をほどこす役柄は浄《じょう》と丑《ちゅう》にかぎられ、生《せい》と旦《たん》が瞼譜をすることはほとんどない。浄は敵役または粗暴な役柄であり丑は道化である。この二つの役柄がもっぱら瞼譜をもちいて、立役の生、女形の旦はほとんどほどこさないというのは、歌舞伎の隈取とは若干異なる点がある。歌舞伎では女形はしないが、立役は隈取をする。こうした独自性はみとめられるが、役柄に限定性があるという根本性格は両者共通である。

(3)　役柄の性格を表現する。

瞼譜はほどこす役柄の性格や善悪、感情などをつたえる。これとまったくおなじ機能を隈取もはたしている。

右のような本質にかかわりをもつ一致点は隈取の遠い源流として瞼譜をかんがえることの可能性をしめしている。瞼譜は中国の唐代にまでさかのぼってその原型をもとめることができる。顔を墨でぬって神や鬼などの超越的存在を表現する方法が唐の時代にあったといわれ、工夫がくわえられて、宋代には浄や丑は瞼譜をぬった花面、生や旦は素面という原則が確立していたとされる。そうした化粧法が大陸からの人形劇や仮面劇の伝来にともなって日本にはいっていた可能性は否定しきれない。金平浄瑠璃の人形にはみとめられない〈取形〉様式が中期以降の歌舞伎にあらわれるのも、日本独自の工夫というよりも、長崎を経由した京劇などの中国劇の影響を想定すべきであろう。

しかし、瞼譜と隈取の相違点も大きい。つぎにそのちがいを列挙する。

瞼譜と隈取の相違

(1)　瞼譜は一種が一つの役柄に対応することを基本とするが隈取は同種の役柄に共通してもちいられる。

たとえば黒花瞼という種類の瞼譜をほどこす役柄は、沙悟浄・趙公明・鬼王・大鬼・夜叉・鼠精・沙僧などであるが、その図柄はすべて微妙に異なっていて、一つの図柄はげんみつに一つの役柄と対応している（中華国劇瞼譜編集委員会編『中華国劇瞼譜』上青文化事業公司、一九八〇年）。このことはほかのすべての種類にあてはまる。

これにたいし、隈取は朝比奈・朝顔隈・なまず隈などの二、三をのぞいて、同種の役柄に共通してもちいられる類型性をもっている。筋隈とよばれる紅隈は、「暫《しばらく》」の主人公、「車引」の梅王、「矢の根」の五郎、「国性爺《こくせんや》」の和藤内などの荒事の役柄がすべてこれを使用する。

瞼譜ももともとは類型性のつよいものであったとおもわれる。その有力な成立論として、

隈取をした荒事「暫」の主人公

俳優の化粧のかんたんなものからしだいにふくざつなものへと変化したという考えかたがある。俳優の化粧のもととなる顔、鼻、口などのふちどりが複雑化したものとみ、色も、紅紫黒藍黄の五色が臉譜本来のものであったという（波多野乾一『支那劇大観』大東出版社）。この説によれば、はじめ、臉譜は一役一臉譜の方式をとることはできず、一つの図柄で複数の役を表現していたはずである。

しかし、臉譜は右の様式、つまり、〈離形〉にくわえて、各種の神怪や人物を表現するさいに、その形をそのまま顔のうえにえがき、えがけないものは、それらを象徴する図形なり事物なりを顔に模様化するようになった。〈取形〉である。この方法をとることによって、臉譜はいちじるしく数をふやすとともに、様式の象徴性に具象性をくわえることになり、固定性がつよまった。

(2)　隈取の配色には陽性陰性、暖色寒色の統一原理があるが、臉譜にこの区別はない。臉譜の紅が「男性の熱血正義の心」をあらわし、「誠意ある忠義の人」を表現する（前掲『中華国劇臉譜』）という点は隈取に一致するが、黒色は紅のしめす血気がさらにつよまってにごったもので、粗暴にして武力があり、剛直な性格の人物をあらわし、隈取のように悪や不正をあらわすシンボリズムは存在しない。隈取で鼠（灰）色は悪意のつよい実悪、そのほか、神霊・化身・妖怪などの制御できない不正や力をあらわすが、瞼譜では老衰をしめすにすぎない。

藍色もまた隈取では鼠色とほぼおなじ意味をもつのにたいし、瞼譜での藍は「黒色よりはげしい性格」で、基本的には黒色と同一系統にぞくする色である。ただ黒が「統率しやすい性格」であるのにたいし、多くは「たけだけしくて策謀にとんでいる」人をしめす。結果として悪人を表現することになるが、神霊・化身・妖怪などをあらわすことはない(前掲『中華国劇瞼譜』)。

瞼譜の色彩配合は一種のリアリズムの支配下にある。純正な血色をしめす赤からはじまり、血性がさらにつよまった状態に、黒・緑・藍などをかんがえ、血性のよわまった方向に紫・黄・鼠などをすえ、人間の心性や力をその血気の強弱に対応させてそれぞれの性格と色を配当する。その根本には医学や人相学があった。

(3)　神仙・鬼怪の類と人間を瞼譜は峻別するが、隈取はその区別があいまいである。

瞼譜では、神仙・鬼怪の類は、金・銀・青などをもちい、人間をしめす色彩と明確に区別している。神霊・化身・鬼畜などをしめす色と、人間の性情、能力をあらわす色を混同させた隈取と大きくちがう。瞼譜の根本の発想は人間と神霊をちがう存在とみてそれぞれの本質の種々相を表現することにあった。それにたいし、隈取は人間と神霊をきわめてちかい存在とみて融合させたままで、敵と味方、善と悪とを識別する意識がつよかったといえる。人間中心の臉譜にたいし、人間と神霊を一体としてとらえる隈取といいかえてもよい。

臉譜と隈取のあいだには、これまでみてきたような類似性と異質性がある。類似性は時間と空間をこえた演劇の化粧法の本質にかかわる分野にみとめられ、異質性は時間と空間の支配をうけた日本の江戸時代と中国の宋元明清の時代とのあいだにある。類似性は隈取の普遍的性格をしめし、異質性はその独自性をあらわしている。とおい時代に交流のあった両者がのちにそれぞれの熟成の時間を経過した結果の類似性と相違であったとみることができる。

隈取の色彩が意味する観念

古代日本人の色彩観

歌舞伎の隈取《くまどり》は地の部分とせまい意味での隈取をさす線条の部分から成っている。この両者をふくめてもっともよくもちいられる色彩は、白・赤・青・黒の四色である。白は地の部分にだけもちいられ、線条の部分に使用されることはないが、ほかの三色は、地と線条の両者にもちいられる。

この四色は原則として正義や善をあらわす白・赤と、不正や悪をあらわす青や黒に二分される。前者にはほかに紫色がふくまれ、後者には藍・鼠・黛赭《たいしゃ》（茶色がかっただいだい色）などもふくまれる。

この隈取の色彩観は伝統的な日本人の色彩観とどのようにかかわるのであろうか。

日本の古代の色は、佐竹昭広氏の研究によれば、赤・黒・白・青の四色であった。赤と黒は明暗の関係で一対となり、白と黒は顕漠の関係でほかの一対になる。いずれも光の感覚から色の感覚が生まれたとされる（「古代日本語における色名の性格」『国話国文二十四巻六号』京都大学国文学会、昭和三十年六月）。この四色は日本のみならず、中国でも、すでにみたように東青、西白、中央黄、南赤、北黒という五方五色思想としてあらわれており、さらに、黄や緑を青の範囲にくわえれば世界的なひろがりで色彩の基本になっている。この基本四色が江戸時代の隈取にもうけつがれてその原型色になっているのは当然といえば当然であるが、さらに興味ぶかいのは、四種の色に託された観念の継承と変容である。

赤・黒・白・青

赤に辟邪《へきじゃ》の呪力をみとめることは古代から江戸時代まで一貫していた。古代の例を一つだけあげるなら、紀元前三〜二世紀にかけての弥生時代に出土する壺やカメの人面模様には朱をぬったものがあった。この朱は、自然や野獣、きびしい生活と対決し、それらの脅威にうちかつための呪術力をもっていたものとかんがえられている（三上次男「古代の顔と『くまどり』」『歌舞伎の隈取り』芳賀書店）。

赤色の根源に血を想定するか、あるいは生命復活の力をもつ太陽を想定するかはしばらくおくとしても、辟邪は隈取にも共通する。隈取の赤色は人間の血気を表現したものとふつうにはいわれているが、赤色に邪悪をしりぞけ再生をはたす力をみとめていることは疑いがない。赤のもつ観念は古代から江戸時代までつらぬいていた。

古代の沖縄の色彩観念を調査された仲松弥秀氏は、黒の意味を暗黒・無・恐怖・けがれとまとめておられる（「青の世界」『神と村』伝統と現代社）。人類学的な観点からみても、黒は邪悪・死・災厄・暗黒のイメージにつらなるものであった（井本英一『境界・祭祀空間』平河出版社）。

このような黒の観念も歌舞伎の隈取にそのままうけつがれた。隈取で黒ややそのうすい鼠色、黛赭などをもちいる役柄はすべて実悪・怨霊・鬼畜・化身などで、死・恐怖・災厄・暗黒などをあらわしている。黒の観念もまた古代から江戸時代まで一貫していた。

黒の死にたいして白に再生のイメージをみられたのは宮田登氏であった。しかし、宮田氏は両者を対比的にとらえながらも、日本の「白と黒」の構図は、両者の二元的対立として一方が他方を排除するというかたちはとらず、「黒＝死→白＝再生」への志向を可能にする活力をはらんでいるとして、白と黒の相互転換をみとめている（「白と黒の民俗文化」『季刊自然と文化特集　白と黒』日本ナショナルトラスト）。

このような白のとらえ方は歌舞伎の隈取の白にも適用できる。

白は隈取では地の色にしかもちいられない。白地は原則として柔和な善人をあらわすが、しかし、その上に線条の隈取をほどこすことによって悪人にもなれば、妖怪・変化・亡霊など、すべての役柄に転化する可能性を秘めている。白はそのままでは「素」であって清浄をあらわしているが、すぐにあらゆる役柄へ転化できるという点では無限の再生の活力を蔵した色であるが、その生はすぐに塗りかえによって死に転じてゆく。

隈取の白のイメージもまた古代から一貫しているといえよう。

青は古代では死とむすびついていた可能性がかんがえられる。

人魂のさ青なる君がただひとり逢へりし雨夜の葉非左（三字分よめず）し思ほゆ

『万葉集』巻十六の三八八九番の歌である。「人魂そっくりの青白い顔をしたあの方がたったひとりであらわれた」というこの歌の表現から、人魂が青い色をしているとかんがえられていたことがわかる。

青が黒にかよう意味をもっていたとすると、その観念は隈取にうけつがれている。青色、青黛、藍などを多用したとき隈取は、怨霊・鬼畜・化身・実悪など、死や恐怖、悪などを表現して、黒色とほぼかさなっている。

このようにみてくると、隈取の色彩感覚は日本の古代からのそれを継承していたことがあきらかであるが、しかし、隈取も江戸時代中期以降は多様な展開をとげ、伝統的な色彩感覚では説明のつかない事例がふえてくる。その段階では当時長崎を経由してはいってきた中国の京劇の臉譜などの影響を想定することができる。

歌舞伎の演出

役柄の誕生

敵役

歌舞伎に敵役《かたきやく》があらわれたのは十七世紀の後半、寛文（一六六一～七三）のころである。ことばの用例がみられるのはつぎの延宝時代（一六七三～八一）にはいって、「敵」（『松平大和守日記』）、「敵役」（『道頓堀野郎花道』）などとあるのがはやいが、つぎのような歌舞伎の演目から判断して役柄自体は寛文初年までには成立していたとみられる。

「だいば」　寛文元年（一六六一）　江戸　堺町日向太夫座
「非人敵討」　寛文四年（一六六四）　大坂　荒木与次兵衛座

歌舞伎がこのような敵役をつくりだすことができたのは、人形浄瑠璃の台本の影響をうけいれたからであった。はじめ一場の舞踊として出発した歌舞伎はつぎに先輩芸能の能や狂言の演出をとりいれてしだいにせりふ劇の傾向をつよめてゆく。ことに能がつくりあげていた二つの場面を中入でむすぶ複式構造をまねて二場面の作品を上演していたことは、当時の大名松平直矩《なおのり》の記録『松平大和守日記』などからあきらかである。そののちさらに、盛り場などで軒をならべて興行していた人形浄瑠璃の台本をとりいれて三場、四場、五場と連続した続き狂言をうんでゆくことになる。その段階で浄瑠璃の敵役をもうけいれたものと判断される。具体例を一つだけあげてみよう。

前掲の『松平大和守日記』によると万治三年（一六六〇）の九月、江戸の堺町の都《みやこ》日向《ひゅうが》太夫《たゆう》の芝居では「秀平さいごより和泉城のところまで」という芝居を上演していた。この芝居はやはりおなじ時期に江戸で上演されていた薩摩座の人形浄瑠璃「秀平三代記」に取材した作品で、奥州藤原氏三代清衡・基衡・秀衡の歴史をしくんでいた。そこには、秀衡をのろいころす梶原父子をはじめ多くの敵役が登場している。歌舞伎が敵役をつくりだしたということは、この世の悪や不幸をもたらすものは人間であり、その悪にうちかつものもまた人間であるという認識に到達したことをしめしている。この認識は能や狂言が表現する悪や不幸の認識とは異なる。中世までの能や狂言では、この世の悪や不幸を生みだすものは悪鬼・邪霊の類であり、人間の力でそれにうちかつことは不可能で、神や仏の力にたよるよりほかはないという認識をもっていた。中世までの信仰の時代にかわって近世の人間重視の時代がきたことをしめしているのが敵役の誕生であった。

しかし、だからといって江戸時代の歌舞伎が祭りとしての性格を完全にうしなってしまったなどとかんがえたらとんでもない見当ちがいである。大きな祭祀性の枠のなかで徐々に人間的なもの、現世における人間の葛藤という視点をふやしていったとかんがえれば、歌舞伎の本質がつかめることになろう。

役柄の分化

役柄は登場人物の性格を類型化して表現する方法である。その役柄はお国歌舞伎のころにはあまり明確でなく、大尽《だいじん》、茶屋の女房、猿若といった程度の、役名と区別できない素朴なものであったが、おなじ内容の芝居がくりかえして上演されるうちにしだいに類型性をつよめ、しかも複雑化してゆく。

寛文時代（一六六一～七三）の敵役の誕生はほかの役柄の誕生を前提としている。敵役に対抗する立役《たちやく》があり、まじめな役にたいしてふざけた滑稽な演技をする道化方が存在するというように。そして歌舞伎の筋が複雑になるにつれて、それらを上演するために歌舞伎の役柄はしだいに種類をふやしてゆく。

のちにつづいてゆく歌舞伎のかたちがほぼととのったのは十七世紀の末の元禄時代であった。元禄十二年（一六九九）に刊行された役者評判記の『役者口三味線』によると、役柄はつぎの九つに整理されている。

立役　善人の大人の男性
敵役　悪人の男性
道化方　滑稽な演技をする男性
半道方《はんどうかた》　道化に敵役の性格がくわわった役
親仁方《おやじがた》　男性の老人
若女方　若い女性
子供　男女の子供
若衆方　少年
花車方《かしゃかた》　婦人または老女

この時代にはまだ役柄をかねるという演出方法は発達していなかったので、一人の役者はこの九つの役柄のどれかを専門にして舞台にたった。

九つの役柄が生みだされた基本の原理は、1男か女、2若いか年をとっているか、3善人か悪人か、4まじめかこっけいか、という四つがくりあわされていた。1と2は一目で判断がつくが、3と4は見ただけでは判断がつきかねる。そこで歌舞伎は、化粧、衣装、髪のかたちなどで、外見を見ただけで判断できるような演出上の工夫をこらしていた。

このような役柄の分化を完成したのは日本の芸能では歌舞伎が最初であった。中世の能や狂言では一人の役者が男女、老若のいずれをも演じて、専門的な職掌の分化はなかった。そのさい、能は仮面と衣装で、狂言は主として衣装とかぶりものでその違いを表現した。歌舞伎は役柄の分化を独自になしとげたのか、あるいはそこに大陸芸能の影響がはたらいていたのか。

中国演劇の行当

中国の芸能で、歌舞伎の役柄にあたるものを「行当《こうとう》」という。行当について『中国大百科全書　戯曲曲芸』(中国大百科全書出版社) はつぎのように説明している。

中国演劇特有の演出形態である。あるいは角色行当ともいう。歴史的には脚色、部色ともいい、昆劇では家門ともいう。ふつうには行当、略して行とだけいう。この語は二重の意義と用法をもち、演劇の芸術的、規範的性格類型であるとともに、他方では性格特色の表現形式の分類系統でもある。この種の表現形式は人物の形象をつくりあげてゆくうえでの演劇の形式性を集中的に反映している。演劇が人物形象をつくりあげてゆくさいには真実や鮮明さをもとめられるとともに、また、洗練と規範が要求される。そのために、唱（歌唱）・念（せりふ）・做《さ》（しぐさ）・打《だ》（武術ととんぼがえり）などの演技が性格上の特色をもつだけではなく、長期の芸術上の錬磨をへて性格の類似する芸術形象と表現形式をもつようになり、表現手法と技巧が累積、総合されて行当を形成した。

中国演劇に特有の演出形態というが、まさに日本の歌舞伎の役柄そのものである。個性的な特色が洗練をくわえて類型化されたという説明もほぼそのままに役柄にあてはまる。もうすこし、この行当についてみてゆこう。

行当の類型の基本は、

生《せい》　男性役
旦《たん》　女性役
浄《じょう》　敵役
丑《ちゅう》　下層の役人、無頼漢、一般庶民など

の四種であり、これに「末《まつ》（端役）」をくわえることもある。

この四種はあくまでも基本の類型であって、時代や地方によってあらわれ方を異にする。たとえば湖北省の漢劇や広東省の粵《えつ》劇などでは、

末　浄　生　旦　丑　外　小(生)　貼(旦)　夫　雑

の一〇種にわけて十大行といい、福建省の甫仙戯《ほせんぎ》では、

正生　貼生　正旦　貼旦　観粧(浄)　丑　末

の七種を七子班と称している。また昆劇、京劇、川劇などでは基本形四種のなかをさらに細分化している。しかし、いずれにしても、基本四種の枠組みのなかにおさまるものである点に相違はない。

中国の行当をわける原理は、男女の性別、善悪、身分階層の三つである。男女と性別を区分の原理とすることは日本の役柄に一致するが、身分階層は日本の役柄には明確ではない。しかし、丑の中心をなしている道化は日本の役柄でもはやくからあらわれていて、中国の行当と日本の役柄は本質においてほとんど共通であるといえる。

行当は唐代にすでに萌芽を見せ、宋代元代の演劇にかたちをつくり、清代に成熟したといわれている（『中国大百科全書』）。日本の奈良時代に萌芽をみせ、平安時代にはすでに誕生していた。そして成熟の時期は歌舞伎の役柄形成と共通する。行当が先行して歌舞伎の

役柄がその跡をおったことになる。両者のあいだに交流、影響の関係はあったのだろうか。

行当と歌舞伎の役柄

江戸時代の歌舞伎関係者が行当についての知識をもっていたことは、江戸時代中期の安永五年（一七七六）に刊行された『役者全書』に、日本の役柄に対応させたつぎのような引用のあることからもあきらかである。しかし、それは異国の芝居にたいする趣味的な興味のあらわれであって、深刻な反省や探求心をそこにもとめることはできない。

旦　当場之妓　タテモノ女形
末　当場男子　立役
丑　奴僕傭夫醜陋之人　ヤツシ
浄　佞悪之人　実悪
捷議　道外形
正生　忠義之人　実事師
小生　風流才人　色事師
正旦　貞静之女　武道女形
小旦　艶女妾卑　姫形色子

老旦　媼母　花車形

江戸時代の人たちが中国演劇についてのかなり正確な知識をもつようになったルートはつぎの四つがかんがえられる。

①　長崎に渡来した中国人から直接に伝聞する機会があった。
②　中国から伝来した書物をとおして知った。
③　長崎出島で上演された中国演劇から直接にまなんだ。
④　朝鮮通信使を通して間接に伝聞する機会があった。

このようなルートをとおして、当時の歌舞伎関係者のなかに中国趣味がかなりゆきわたっていたことはつぎの二つの事例からも推定される。

歌舞伎の上演種目にみられる中国の素材
役者評判記にみられる漢詩や漢文趣味

歌舞伎の役柄が直接に中国の行当から発生したという証拠はいまのところ発見することはできないが、間接的な影響をうけていた可能性はたかいとおもわれる。そして、両者の根底には、よりついた神の素姓を類型のなかに表現するシャーマニズムのシャーマンの演技があったことはいうまでもない。

歌舞伎の演技の型

型の分化

歌舞伎は型の演劇といわれるほどに、あらゆる方面に型がゆきわたっている。演技以外にも、化粧、衣装、音楽、大道具、小道具、脚本、興行などの各方面に型がゆきわたっている。ここでは役者の演技にかぎってかんがえてみる。

歌舞伎の演技の型は、大きく「しぐさ」と「せりふ」にわけることができる。しぐさは、役者の舞台でのうごきをいう。さらに舞踊と地芸にわけることがある。舞踊は音楽にあわせて身体をリズミカルにうごかすのにたいし、地芸は音楽をともなわないうごきをいう。

この型のちがいを「仮名手本忠臣蔵」を例にとってかんがえてみよう。「仮名手本忠臣蔵」は略して「忠臣蔵」ともいう。赤穂の領主浅野家の家臣たちの仇討ち事件をしくんだ芝居で、もともとは人形浄瑠璃として上演されたものが、すぐに歌舞伎にもはいって上演をくりかえした。ながくくりかえされた芝居なので、いまの文楽で演じるときと、江戸あるいは上方でのちがい、尾上菊五郎の系統と中村鴈治郎《がんじろう》の系統などの役者の家によるちがい、五代目尾上菊五郎のやり方が、その弟子たちにうけつがれている型、さらに二代の中村吉右衛門だけがやっている型などがある。

「忠臣蔵」は全部で十一段（幕）という、ながい芝居である。第一段はとくに大序《だいじょ》とよばれ、敵役の高師直《こうのもろのう》が塩谷判官《えんやはんがん》の妻顔世《かおよ》御前に恋をし、さまたげた桃井若狭助《わかさのすけ》に仕返しをする場面である。ここには人形浄瑠璃の型が多く歌舞伎にとりいれられているが、さいごの若狭助がひっこむところでは、いまの文楽では若狭助が師直を斬ろうとするのにたいし、歌舞伎にその演技はなく、かわって師直がいくども扇で若狭助をうちすえるところがある。

三段目は、判官刃傷《にんじょう》の場面である。しかし、判官は若狭助のけらいの加古川本蔵にだきとめられて失敗する。

このあと、上方歌舞伎では「裏門」とよばれる、判官のけらいの早野勘平が主人の身を

お軽勘平の道行

心配して御殿の裏門にかけつける場面を演じるが、東京では、かわりに「道行旅路の花《はな》聟《むこ》」という舞踊をすえている。

五段目は、かりうどになっている勘平が、いのししとまちがえて人をうちころし、主君の仇討ちの仲間にいれてもらうための分担金を手にいれる筋である。

尾上菊五郎家およびその弟子の型では銃弾を二発うつが、上方の役者が演じるときは一発である。そのあと菊五郎の型では、いのししをうったとおもいこんでいる勘平は、刀でさぐりながら死体にちかより、その足をなわでしばる。そして、そのなわをひいて重さをはかり、重さがちがうので不思議におもい、手でさわってみて人としっておどろき、「こりゃ、人」と声をあげる。刀でさぐったあと、わらで刀をぬぐうことが、上方の実川延《じつかわえん》若《じゃく》の型にあり、東京の中村吉右衛門もよく似た演技をする。

また延若は死体の足をしばったなわを口にくわえるが、守田勘弥の型ではなわはまったく使用しない。さらに菊五郎の型では、死体から金のはいった財布をぬすむまで、こまかな手順があるが、中村梅玉や中村鴈治郎などの上方歌舞伎の型では、「こりゃ、人」と声をあげておどろいたあとは、「この金しばらく借りましたぞや」と一言いって、あとはすべて省略して舞台をまわす。

このように型がふくざつにわかれてくる理由はいろいろある。その演技に自然性・合理性があるかどうか、見た目のうつくしさをともなっているかどうか、演じている役者を立派に見せて観客の当りをとることができるかどうか、舞台進行上の手順がうまくゆくかどうか、などである。

中国演劇の程式

日本の演劇で型にあたることばを中国演劇では「程式《ていしき》」という。以下、この程式についての説明を前掲の『中国大百科全書　戯曲曲芸』から引用してみよう。

程式のもともとの意味は方式・規程である。一定の基準をたてて法としたものを程式という。演劇を構成する四つの構成要素の唱（歌唱）、念（せりふ）、做《さ》（しぐさ）、打《だ》（武術・とんぼがえりなどの雑戯）にも程式がある。

程式は二つの意味をもっている。その一つは音楽的な規格性である。いっさいの生活の自然のかたちは美的な原則にてらしあわせて抽出と概括をくわえ、リズミカルで規律厳正な技術格式とする。その二つめは規範性である。それぞれの演技の方式はすべて具体的な形象を形成するための過程であり、いったん形成されたのちは、他人がそのやりかたにならって再創造するための出発点になり、同種の出し物や同種の人物の規範として普遍的にもちいることがしだいに可能になる。

　生活は演劇の程式をつくりだすための源泉である。かぎりなく多くの演劇の程式が生活現象の直接の模倣と抽象であるが、役者はそれだけではなく、間接生活といろいろな芸術領域、詩詞舞踏、民歌説唱、書画彫塑、武術雑戯、またとぶ鳥、およぐ魚、ひらき散る花、ゆく雲、ながれる水、さらにゆらゆらとたちのぼる煙のようなうごきにいたるまでの各種の生活現象と芸術現象に目をくばり、程式創造のための霊感を吸収する（「表演程式」）。

　きわめて概括的な説明であるが、日本の歌舞伎の型の説明にほとんどそのままにあてはまるといってよいくらいである。ただ歌舞伎の型は右の解説が強調するほどには、ふだんの生活と自然の現象から直接にまなぼうとはせず、多くはかぎられた先人の型からまなんで、そこにわずかな工夫をくわえてあたらしい型を生もうとする傾向がつよい。右の中国演劇の程式の説明は古典演劇にかぎらず、近代、現代演劇まで視野におさめた解説であるからである。さらに中国演劇と歌舞伎を比較したときのすぐ眼につく相違点は、比較して音楽性が歌舞伎にはとぼしいということであろう。中国演劇には演劇を構成するための基本要素として、唱・念・做・打の四つがあり、そのいずれにおいても音楽性がゆきわたっている。唱は音楽そのものであるし、念にも音楽性がゆたかであり、做・打も音楽的なりズムにのせる。そのために、程式の二つの性格の第一に、音楽的な規格性があげられることになる。歌舞伎の演技、ことに舞踊や江戸歌舞伎の地芸は音楽にのるが、役者が自分でうたう中国演劇の音楽性にはおよばない。

しかし、以上のような小異をのぞけば、程式は日本の型の大陸版といってよい。しかも、程式は、役者の演技にとどまらず、「演劇舞台調度」つまりは大道具・小道具の類、さらには基本技芸（基本功という）にまでゆきわたっているという。その点でも日本の型につうじる。

型は古典演劇には一般的にみとめられる傾向であり、ことにおなじシャーマニズムの祭式にその源流をもつ中国演劇と日本の歌舞伎に類似性がみられるのは当然といえる。ただ、これまでみてきたように、舞台、顔面彩色、役柄、型などのあいだに存在する顕著な類似性は、両者のあいだの遠い時代の直接の交錯をおもわせるものがあることも否定できない。

歌舞伎舞踊

振りということ

舞と踊りと振り

舞踊はいまでは音楽にあわせて身体をリズミカルにうごかし、感情や意思を表現することの意味でふつうにもちいられているが、このことばは江戸時代にはなく、明治になって、ヨーロッパのダンスの翻訳語としてうみだされた。明治十一年（一八七八）の十月から翌年の四月にかけて刊行され、当時としては画期的なベストセラーになった『花柳春話』（ロード・リットン作、織田純一郎訳）にあらわれたものなどが舞踊が使用されたはやい例であり、さらにこのことばを術語として日本社会に定着させるうえで大きな役割をはたしたのが明治三十七年（一九〇四）の坪内逍遙の『新楽劇論』であった。この書物のなかで逍遙は舞踊ということばをそれまでの舞や踊りにかえて使用しただけではなく、舞踊を「舞」と「踊り」と「振事」の三つの要素に分析して、のちの舞踊論の理論的発達のための重要な基礎を提供した。日本の舞踊史を検討しようとするとき、この三者をわけてかんがえることはたしかに有効である。

これまでの通説にしたがってこの三つの特質を整理するとつぎの表のようになる。

舞の用例は「隼人舞」「倭《やまと》舞」「五節《ごせち》舞」「神楽舞」「幸若舞」「曲《くせ》舞」など中世以前に集中し、踊りは「風流踊り」「念仏踊り」「かぶき踊り」「大踊り」「伊勢踊り」「鹿島踊り」など近世以降、江戸と地方に多くの用例がみられる。また振は「魂《たま》振り」「御輿《みこし》振り」「身振り」「小唄振り」など全時代にわたって用例をみることができる。このような用例の分

舞	踊り	振り
古代から中世	近世	全時代
まわるの意味の旋回運動	跳躍運動	旋回運動と跳躍運動
滑るように足をつかい角をとる	両足を大地からはなす	すべりとぶ
意識的、貴族的	熱狂的、庶民的	意識的・熱狂的、貴族的・庶民的
静的	動的	物真似
京坂	江戸、地方	全国

布からは舞は主として中世以前、踊りは近世、振りは全時代にわたってもちいられたという通説はあたっているようにみえる。

「ふり（震り・振り）」について『岩波古語辞典』はつぎのように説明している。

物が生命力を発揮して、生き生きと小きざみに動く意。また、万物は生命を持ち、その発現として動くという信仰によって、物をゆり動かして活力を呼びおこす意。その信仰の衰えとともに、単に物理的な震動を与える意。

この説明はすぐれたものである。「振る」の意味はつぎの三つの段階にわけてとらえることができるという考えである。

振る

① 物が生命力を発揮して動く。　自動詞
② 物をゆりうごかして生命力を発揮させる。　他動詞
③ 物理的な震動をあたえる。　他動詞

ここで検討してみたいのは物の生命力ということである。

五年の秋七月の丙子《ひのえね》の朔《ついたち》　己丑《つちのとうし》に地震《ない ふ》る
（『日本書紀』允恭五年）

風をいたみいたぶる波の間なく我が思ふ君は相思ふらむか
（『万葉集』巻十一―二七三六）

前者は地震の初出例とされる。「ない（ゐ）」の「な」は大地、「ゐ」はしっかりとすわっているところの意味という。「ふる」が震動することである。後者の「いたぶる」は「甚振る」ではげしくゆれることをいう。いずれも自動詞の用例である。後者の波がはげしくゆりうごく理由は風がつよいためである。そこには原因と結果についての合理的な思考がはたらいている。

問題は前者である。当時の人たちに地殻や上部マントルにたくわえられたエネルギーが噴出して地震になるといった科学的知識があったとはかんがえられない。おそらく大地にやどる超越的な力がみずから発動して地震となったと信じていたはずである。その超越的な力は生命力というよりもむしろ大地の神であった。そのことを推測させる記事が『日本書紀』のこの地震の記事のあとにつづいている。

天皇はこの地震より先に葛城《かずらき》襲《のそ》津《つ》彦《ひこ》の孫玉田宿禰《たまだのすくね》に命じられておかくれになった先の天皇反正天皇のモガリ（埋葬するまでのあいだ遺骸を安置すること）の任務につかせた。地震のあった夜、尾張連《おわりのむらじ》吾《あ》襲《そ》をつかわしてモガリの宮の様子を視察させられた。関係者はみなあつまっていたが、かんじんの玉田宿禰だけがいなかった。吾襲はそのことを天皇に報告した。天皇は吾襲をまた葛城に派遣して、玉田の様子をさぐらせたところ、玉田はけしからんことに男女をあつめて酒宴していた。吾襲は天皇の怒りを玉田につたえた。玉田は自分の行状を報告されることをおそれて、馬一匹を吾襲に賄賂におくって油断させ、途中で吾襲をころした。そのあと朝廷の重臣武内宿禰の墓地のうちににげこんでかくれていた。

天皇はこのことを知り、玉田をよびつけられた。玉田は用心のために衣服のしたに鎧をつけて参上した。衣装の下から鎧が見えた。天皇は玉田をころそうとされ、家ににげた玉田をかこんで殺害された。

天皇のモガリの行事がその任務にあたった役人の玉田によってけがされ、いかった天皇は玉田を殺害した。このような不祥事が大地の神の怒りをまねいて地震がおきたのだとこの記事は主張している。

振りとはそうした物にやどる神のはたらきが本来の意味であった。最初は神が出現することであり、つぎには神を出現させる意味にかわっていた。出現させる役は男女の巫覡《ふげき》つまりシャーマンである。出現した神はシャーマンの身体をかりてその意思をつたえる。振りはやがて出現した神々の所作をシャーマンが演じることをも意味するようになっていた。物真似という意味用法はそのようにして生まれた。

振りという舞踊用語の語源をたずねることによって舞踊がどのようにして発生したかがあきらかになってくる。舞踊はシャーマンが神がかりして、自分の身体にやどった神々の所作を演じることからうまれた。その点では芸能一般の発生と誕生の機構はおなじである。

中国の男性シャーマン

介添えのつく中国台湾のタンキー

というよりも、舞踊ははじめ芸能そのものであった。

舞と踊りの違い

舞と踊りもシャーマンの神がかりの状況をあらわすことばである。その点では振りとべつではなく、むしろ振りの二つの表現形式とかんがえたほうがよい。

しかし、このような考えは、舞は旋回運動で、意識的・静的であるのにたいし、踊りは跳躍運動で、熱狂的・動的であり、舞は主として中世以前に、踊りは近世以降にさかえたという、これまでの日本舞踊史の通説と照合すると、さしあたりつぎの二つの疑問がうかんでくる。

第一に、シャーマンの神がかりに旋回運動と跳躍運動、意識的と無意識的、静的と動的などという区別があるのか。

第二に、かりに区別があったとしても、それが古代と近世で、あらわれ方に違いがあるなどということがあるのか。

一般に、時代が成熟して民力が安定し、あるいは活力をうしなってくると、文明は動的から静的に推移してゆくのが通例であるのにたいし、日本の舞踊の歴史はなんとも納得のしかねる変化をたどっている。

トランスのような異常な真理状態のなかで人間つまりシャーマンが超越的な存在（神、精霊、死霊など）と直接に交流するのがシャーマニズムである。このシャーマンと超越的な存在との交流の仕方にはふつう二とおりの型があるといわれている。一つは、みずからの魂を肉体から分離させて、この魂が他界の神霊や精霊をたずねて直接に接触する脱魂＝エクスタシー型であり、もう一つは、神霊や精霊をまねきよせて自分の身体に憑依《ひょうい》させ、あるいは直接にはなしあってその指示をあおぐ、憑霊《ひょうれい》＝ポゼッション型である。

この二つの型がどのようにして発生したのかはいまだ解明されない謎である。シベリヤの狩猟民の社会に脱魂型が多くみられ、中国南部の農耕民の社会に憑霊型が多いことを考慮して、わたしはひそかに獲物即神霊をおいかける狩猟民と大地に収穫物即神霊をまねく農耕民との違いがシャーマニズムの二つのタイプになったのではなかろうかとかんがえている。

農耕社会に属する本土日本には憑霊型しかみられない。しかし、かつては狩猟採集社会であった沖縄には脱魂型がみられたが、沖縄が農耕社会に変化してゆくにつれてしだいに憑霊型が優勢になってきている。

舞と踊りの対応がこのシャーマニズムの二つのタイプに対応するなら話はかんたんであるが、脱魂型のみられない日本にその影響を推定することはできない。

日本や韓国、中国などで多くのシャーマンの儀礼をみる機会があった。シャーマンといっても、かれらやかの女たちが現実にトランスになることはまれであり、多くはそのふり

韓国の女性シャーマン

をするだけである。そのまれに遭遇することのできたトランスにはいったシャーマンのその前後の動きを観察した結果、動と静、跳躍と旋回などという顕著な違いはみとめられず、わずかにトランスにはいった直後にややはげしい動きがみられる程度であった。つまり、舞も踊りもシャーマンの神がかりの表現であったとしても、けっして無意識的なトランスの表現ではなく、意識的に制御された二つの身体表現の型であったということになる。

漢語としての「舞」は、『説文《せつもん》』などの中国のふるい辞書によると音楽・歌謡にあわせて身体をうごかすことを意味し、「踊」はとびあがることを意味していた。日本人が日本の「隼人舞」「倭舞」「五節舞」などに「舞」の字をもちいたのは、それらがまず音楽や歌謡にあわせて身体をうごかすものであったからである。そうした日本の舞踊がほぼ一様に「まい（ひ）」といわれる日本語にふさわしい旋回中心の動きが多かったのは、おそらく日本の舞踊史のはじめをかざったこれらの舞踊の所作の影響がのちにのこったからである。

近世の歌舞伎舞踊が「おどり」とよばれて「まい」ということばが使用されなかったのは、その母胎になった念仏踊りや風流踊りがそれまでの舞とはちがって、正調の音楽や歌謡からはずれた破格なリズムにしたがっていたからである。舞が京坂を中心に貴族的であり、踊りが江戸や地方を中心に庶民的であるという特性もそのようにかんがえることによって説明がつく。

歌舞伎舞踊の類型

シャーマンの類型と舞踊

日本の舞踊がシャーマニズムの憑霊《ひょうれい》信仰に由来するとすれば、その本質や類型を理解するためにもシャーマニズムの分析が役立つはずである。日本の憑霊型信仰はさらに四つの型に細分化することができる（『日本民俗宗教辞典』東京堂出版、参照）。

1　神霊が身体のなかにはいりこみ、人格転換をおこして神自身としてふるまい、直接話法で神意をつたえる霊媒型。

2　身体に付着した神霊と会話をかわし、その内容を神意として間接話法でつたえる予言者型。

3　身体の外側から神霊の影響をうけて、神霊の姿・声を見たり聞いたりした内容や、心にうかんだ事柄を神意として間接話法で伝達する見者《けんじゃ》型。

4　予言者型や見者型のなかで、霊的存在を目や耳にしながら精霊をおもいのままに操作して、これをほかのものに憑依させる力をもつ精霊統御者型。

この四つのタイプのなかで直接に舞踊とかかわるのは1型である。すでにみたように舞踊の原型には神を出現させてその意思を伝達する振りがある。この意思の伝達でたいせつなことは自身が神や精霊になりきって一人称の直接話法でかたることである。その点で間接話法の2・3・4とは区別されることになる。ただ、注意しなければならないことは、4型の精霊統御者によって精霊をよりつかされたシャーマンは1型になる。したがって、1型は自身で神がかりになる単独型と精霊統御者の助けをうける分業型の二つがあることになる。舞踊で単独に舞台にたつ踊り手と介添えや後見などの助けをかりる踊り手の相違はさかのぼればこの単独型と分業型に由来している。

歌舞伎舞踊は日本を代表する伝統舞踊であることから日本舞踊ともよばれる。歌舞伎舞踊の分類の仕方についてはつぎのような各種の基準がかんがえられている（『日本舞踊辞典』東京堂出版、参照）。

a　ストーリィの有無　舞踊劇と風俗舞踊など
b　題材の相違　石橋《しやつきよう》物、道成寺物など
c　登場人物の人数　一人物、二人物、多人数物など
d　伴奏音楽　長唄物、浄瑠璃物など

日本の沖縄久高島のユタ

e　役柄の相違　　立役の踊り、女形の踊りなど
f　興行形態の相違　　顔見世舞踊、脇狂言物など
g　シテの変化　　変化舞踊と通常舞踊

これらの分類基準のなかでさきの憑霊型の1に対応する根本基準はgのシテの変化だけである。そのほかのaからfまでの六種はgのもとでさらに細分化される下位分類になる。日本の霊媒型の神がかり、イタコ、ミコ、ワカ、オナカマ、スンガンカカリャー（死神憑り屋）などで、口寄せの巫女は一依頼者の頼みにおうじて、一人で単数の神を表現するばあいと複数の神を表現するばあいの二通りがある。これを舞踊に対応させれば、一つの作品で、シテが一つの役柄を演じつづける通常舞踊と複数の役柄を演じわける変化舞踊の区別になる。

ここではgの分類にしたがってさらに歌舞伎舞踊についてかんがえてゆく。

通常舞踊――一人の踊り手が一つの役柄をおどる

通常舞踊といういい方は若干熟さない感じをあたえるが、変化舞踊にたいして、一人の踊り手が一つの役柄をおどりぬく舞踊の総称にもちいる。この通常舞踊をさらにこまかにわけるときの基準には、前項のaからfまでがかんがえられるが、そのうちaをのぞくほか

の五つは全体をカバーしようとするとかなり欠落が出てくる。たとえばbについてみると、通常舞踊の全体を題材によって分類することは相当な困難をともない、困難をのりこえて分類をおこなっても漏れの出てくる可能性がたかい。その点でcは単独物と複数物というように分類すれば、理論的にはすべてを網羅することになるが、現実になにをもって単独とし、なにをもって複数とするか、その判断がむずかしいし、かりにそれをやってのけたとしても、通常舞踊の本質をとらえるのにそれほど有効とはいえない。

以上のようなことを考慮して、ここではaを適用して、通常舞踊をさらに長編のストーリィをもつ舞踊劇と時世風俗の描写を主たるねらいとして、強固な筋をもたない風俗舞踊に二分する（前掲『日本舞踊辞典』「歌舞伎舞踊」の項参照）。

舞踊劇はつぎのような作品をいう。

○「十六夜《いざよい》」（本名題「梅柳中宵月《うめやなぎなかもよいづき》」）　清元　安政六年江戸市村座「小袖曾我薊色縫《あざみのいろぬい》」の一番目四立目に初演。郭をぬけだした遊女十六夜と女犯の罪で寺をおわれた清心の大川への入水心中。

○「勧進帳」（歌舞伎十八番の一つ）　長唄　天保十一年江戸河原崎座初演。能の「安宅《あたか》」に取材。奥州へおちのびる主君源義経をまもる弁慶の苦心と関守富樫左衛門の義俠心。

「勧進帳」の舞台

○「道成寺」（本名題「京鹿子娘道成寺」）　長唄　宝暦三年江戸中村座初演。それまでの道成寺物の最高傑作。白拍子にばけた清姫の亡霊が道成寺の鐘供養にあらわれ、男がかくれている鐘にとびこみ蛇体となって出現する。

これにたいして風俗舞踊にはつぎのような作品がある。

○「角兵衛《かくべえ》」（本名題「后月酒宴島台《のちのつきしゆえんのしまだい》」）　常磐津《ときわづ》・長唄　文政十一年江戸中村座初演。江戸市中をながしてあるく越後の角兵衛獅子と江戸の鳥追い女の恋のからみ。

○「三社祭《さんじやまつり》」（本名題「弥生の花浅草祭」）　清元　天保三年江戸中村座初演。三社様の祭りで一寸八分の観音の人形をすくいあげた浜成・武成の山車《だし》人形に魂がはいって善玉悪玉の踊りを軽妙におどりぬく。

○「乗合船」（本名題「乗合船恵方万歳《えほうまんざい》」）　常磐津　天保十四年江戸市村座初演。初春の隅田川の渡しで大工、通人、白酒売り、万歳、才蔵らがそれぞれ得意の隠し芸や踊りを披露する。

このほかに変化舞踊の一つだけが独立してのこり、風俗舞踊として演じられている作品も多い。つぎのような作品である。

○「越後獅子」　長唄　文化八年江戸中村座初演の三代中村歌右衛門の七変化「遅桜手爾《おそざくらてに》

波七字《わのななもじ》」の一つ。

○「汐汲《しおくみ》」長唄　文化八年江戸市村座初演の三代坂東三津五郎の七変化「七枚続《しちまいつづき》花の姿《すがた》絵《え》」の一つ。

○「年増」常磐津　天保十年江戸中村座初演の四代中村歌右衛門の八変化「花翫暦《はなごよみ》色所《いろのしょ》八景《わけ》」の一つ。

変化舞踊の始め　変化舞踊または変化物はいくつかに小品舞踊をくみあわせて構成し、踊り手が異なった役柄を扮装をかえておどりわけるものである。この規定にしたがってあげられる最初の例が、元禄十年（一六九七）十一月に京都の都万太夫座で水木辰之助がおどった「七化《ななばけ》」である。

この「七化」について、翌年の元禄十一年（一六九八）の正月におなじ都万太夫座で上演された「上京《かみぎょう》の謡初《うたいぞめ》」（近松作）のなかで針売りに扮した辰之助自身が袖島源次の宰相の姫宮城野とつぎのような会話をかわしていた。

宮城野「この小さい子がおどっているはなんぞ」

針売り「七化でござんす」

宮城野「七化とは」

針売り「それは水木辰之助という女方が、万太夫が芝居へ上りまして、顔見世の狂言に、大和屋甚兵衛にころされ、一念が、すなわち煩悩の犬となり、また姿をかえ公卿となり、爺になり子となり、怨霊となりついに夫婦となりました」

宮城野「むゝ甚兵衛は怨霊と女夫になったか」

針売り「いや甚兵衛が親に合点さしょうために、水木としぐみて、わざと怨霊になりました」

これによって「七化」は、事情があって親から結婚のゆるしをもらえない男女がしめしあわせて、男にころされた女の怨霊が種々の変化《へんげ》に扮してあらわれるという計略をたてて、親をおどす筋であり、劇中の一シーンとして演じられたもので、独立した所作幕ではなかったことがわかる。

またこのときに、辰之助の演じた変化は、元禄十三年（一七〇〇）春に刊行された役者評判記『姿記評林』によると、煩悩の犬、初冠の殿上人（業平）、白髪の爺、禿《かぶろ》、六方の若侍、藤壺の怨霊、猩々の七種であった。

この七種類の役柄をさらに分類し、筋の進行にふかいかかわりをもった導入部の役をはたした煩悩の犬をのぞくと、

若衆歌舞伎以来の歌舞伎系統の舞踊　業平　禿　六方
能系統の舞踊　白髪の爺（高砂の翁）　藤壺の怨霊　猩々
に二分される。

変化物のはじめといわれる水木辰之助の「七化」についてこれまであきらかになったことを整理するとつぎのようになる。

① 一人の役者が七種の異なる役柄に扮した。
② 劇の進行とかかわりをもち独立した幕ではなかった。
③ 七種の場面は導入部の一種をのぞきすべて所作事（舞踊）であった。

さらに『姿記評林』の挿絵からつぎの事項をくわえることができる。

④ 七種の役柄はすべて髪かたち、衣装、持ち物を異にし、白髪の爺は仮面をつけていた。

変化舞踊、そののちの展開

京都の水木辰之助の「七化」ではじまった変化舞踊はそののちもさまざまな作品をうむ。辰之助にすこしおくれて、江戸の佐渡島長五郎が宝永期に「五化」「七化の曲」などの変化物を演じており（『佐渡島日記』ほか）、正徳元年（一七一一）十一月には江戸の森田座で大坂から初下りの榊山助五郎が、大津絵師四郎兵衛となり、壁にはられた大津絵のとおりに七変化の所作事を演じていた。

　宝暦五年（一七五五）十月には京都の布袋屋座で立役の山下又太郎が江戸下りの名残狂言として、「吾妻土産五枚ひな形」に五場の所作事を演じていた。さらに宝暦十二年（一七六二）四月には江戸市村座で、のちに「鷺娘」の名でつたえられることになる名曲「柳雛諸鳥囀《やなぎにひなしょちょうのさえずり》」をふくむ六変化が、初代瀬川菊之丞・市村亀蔵・市村羽左衛門の三人によっておどられたというが、このつたえについては資料の点で多少の疑問ものこる。

　そののちも変化物はつづく。長唄を伴奏にした作品では、

明和八年九月　江戸森田座　中村富十郎　七変化
安永二年七月　江戸中村座　岩井半四郎　七変化
安永四年九月　江戸森田座　中村野塩　四季の所作事
天明五年一月　江戸桐座　瀬川菊之丞　五役の所作事

などが演じられ、富本や常磐津では、長唄との掛合いで、

文化五年十一月　江戸森田座　坂東三津五郎　七変化
文化八年三月　江戸市村座　坂東三津五郎　七変化
文化十年六月　江戸森田座　市川団十郎　八景の所作事

などが上演された。

文化文政期は江戸で変化物の全盛時代をむかえたといわれる。長唄に代表される伴奏音楽の発達、立役の舞踊への進出、兼ねる役者の出現、早変わりの演出の進歩などの条件がかさなった結果とかんがえられるが、文化文政期の変化物がどのようなものであったか、水木辰之助の「七化」と比較してみる。

最盛期変化物の特色

文化八年（一八一一）三月、江戸の市村座では、三代坂東三津五郎の七変化所作事「七枚続花の姿絵」を上演した。常磐津を地の音楽とする「女三の宮」「梶原源太」、長唄と常磐津の掛合いの「猿廻し」、常磐津による「願人坊主」、長唄の「老女」、最後がまた常磐津の「関羽」であった。

この三津五郎の七変化の大当りに刺激された中村座出演中のライバルの三代中村歌右衛門は後をおいかけて「遅桜《おそざくら》手《て》爾《に》葉《わ》七《のなな》文字《もじ》」という題の七変化を演じた。一説によれば三津五郎のおどった「梶原源太」のなかに「たで食う虫も好き〳〵とやら、今年や南瓜の当り年」という暗に歌右衛門をそしった文句のあることに立腹して、急遽しくんだものという。「傾城」「座頭」「業平」「越後獅子」「橋弁慶」「相模海士《さがみあま》」「朱鍾馗《あけしょうき》」の七曲であった。

この変化舞踊全盛期の三津五郎と歌右衛門の二作を変化舞踊のはじめといわれる水木辰

之助の「七化」からとりだした四つの要件と比較し、そこにどのような推移があったかを検討してみる。

①　一人の役者が七種の異なる役柄に扮した。

この要件は最盛期の作品ももっていた。しかし、あとでみるようにこの要件をみたさない作品もこの時期には増加していた。

②　劇の進行と関わりをもち、独立した幕ではなかった。

三津五郎の「七枚続」は三月六日から上演された「盤話水滸伝《じだいせわすいこでん》」の二番目の大切《おおぎり》につけくわえられた。この歌舞伎はのちに黙阿弥の「青砥稿《あおとぞうし》 花紅彩画《はなのにしきえ》」（白浪五人男）に集大成される大盗日本駄右衛門一味のエピソードを『太平記』の世界にしくんだもので、三津五郎は玉島庄兵衛を演じていた。そのかれが大切に「女三の宮」以下の七変化をおどらなければならない戯曲上の必然性はない。なんらかの関係は設定されていたとおもわれるが、打出しの所作事として演じられたもので、筋とのつながりはきわめてゆるかったと推定される。

歌右衛門の「遅桜」は「七枚続」以上に独立性がつよかった。この年、中村座では三月五日から「年々歳々砂《まさごの》 石川」を上演しており、十五日から二番目としてお染久松物の

「浮名種艶油《あぶら》」を出し、歌右衛門は親の久作を演じていた。この二番目ではすでに大切に「花曇傘相合」の題でお染久松の道行が富本で上演されていた。そのあとに「継足大切《つぎたして》」として歌右衛門の七変化が出たのだから筋との関係はまったくなかったといってよい。筋の進行から独立する傾向はこの時期の変化物に目立っていた。

③　七種の場は導入部の一種をのぞきすべて舞踊であった。

この③は②とかかわりがあり、独立性がつよまるとともにもとの筋とつながる地狂言の要素はきえてゆく。変化物の各幕のなかにそれぞれの筋が設定され、全体として舞踊劇の性格を濃くしてゆくが、もとの狂言とのつながりはなくなる。

④　七種の役柄はすべて髪かたち、衣装、持物を異にし、白髪の爺は仮面をつけていた。現行曲から判断して、「七枚続」「遅桜」ともにすべての役柄の髪・衣装・持物をかえていたとみられるが、仮面の有無は判断できない。全体の傾向として、化粧術の進歩が仮面を舞台から追放していっており、二作も例外ではなかったとみられる。

検討結果のまとめ　元禄期（一六八八～一七〇四）にはじまった変化舞踊と文化文政期（一八〇四～三〇）の最盛期のそれとを比較検討した結果をつぎにまとめる。

ア　一人の役者がすべての異なる役柄に扮する傾向がつよかった。
イ　各場は劇の進行との関わりをうしない独立性がつよまった。
ウ　各場はすべて舞踊であった。
エ　各役柄の独立性が演出にも扮装にも表現されていた。
最盛期の変化物は以上の二作からあきらかになる特色のほかに、さらにつぎのような特色をそなえていた。
オ　複数の役者の登場
変化物は一人の役者が複数の役柄をおどりわけるものという根本の精神は生きていたが、他方で複数の役者を登場させるあたらしい演出もみられた。それらには、二人以上の役者が変化舞踊の一段をとおしておどるものとときに一人、ときに複数がおどるなど、さまざまな演出があった。
カ　変化の種類の増加
水木辰之助の七変化にはじまった変化物は、三変化、四変化、五変化、六変化、八変化、九変化、十一変化などの多様な形式を生み、最多の変化として、文化十年（一八一三）中村座の坂東三津五郎「四季詠《よせ》三ツ大」のように十二変化が演じられる。

キ　早変わり・引抜きなどのケレンがかった演出の多用
オやカのような変化の演出がおこなわれた背景には、すでにみたように、演技術・化粧術・大道具・小道具の進歩などが必要であったが、早変わり・引抜きなどのケレンの進歩とその利用もみのがすことのできない要素であった。

ク　各派音楽の掛合い
語り物系統の竹本・常磐津・富本・清元・大薩摩と歌い物系統の長唄の掛合いが変化物の多様な演出をもりあげた。変化物における異種音楽の掛合いのはやい例は、文化五年（一八〇八）十一月の森田座の「倭仮名色七文字」の常磐津と長唄にみることができ、そののちは単独の演奏よりも、各種音楽の掛合いが変化物上演のさいの常態になる。

ケ　市井風俗の描写
水木辰之助の「七化」では七種の役柄のうち当世風俗を反映した役柄は、禿《かぶろ》と六方の二つだけで、ほかの五つは古典に取材した役柄であった。このような傾向は徐々にくずれ、文化期（一八〇四〜一八）以降の最盛期の変化物ではその割合が逆転して、当世風俗が古典の題材をおしのけて優勢になる。町人、女郎、芸者、町娘、田舎娘、丁稚、禿、奴、座頭、物売り、職人、物乞いなどが変化物の舞台に大手をふって登場してくることになった。

変化舞踊の基本構造とはなにか

変化物の作品を初期と全盛期にわけて検討してきた。その結果を、A両方をつうじてかわらない特色、B前期にあって後期にうしなわれた特色、C前期になくて後期にそなわった特色、の三種に整理してしめす。

A
舞台上で単独または複数の役者が異なる役柄を演じること
舞踊が主でまれに筋のある地狂言も演じられた
演じられた複数の役柄の髪かたち、衣装、持物は異なり、仮面ももちいられた
伴奏音楽が使用された

B
一人の役者だけで複数の役柄を演じた
劇の進行とかかわりをもち独立した幕ではなかった
古典的題材が主であった

C
複数の役者が複数の役柄を演じた

劇の進行との関係がうすく独立性がつよかった
変化する役柄の種類が増加した
早変わり・引抜きなどのケレンがかった演出が多用された
各派音楽の掛合いがおこなわれた
世俗風俗の描写に中心があった

以上の三種のうち、全期をつうじて保持されたAの四つの特色が、変化物の基本構造である。これにたいして時間の経過とともに推移したBとCは変化物の歴史性である。このAの四つの基本構造をささえる基本の精神をあきらかにし、通常舞踊もふくめた歌舞伎舞踊の本質を解明したい。

歌舞伎舞踊はどのように構成されているか

変化物の全盛期は江戸時代の文化文政期（一八〇四〜三〇）にくる。江戸時代の舞踊の歴史のうえでも終わりの時代にぞくする。このことが変化物そのものを舞踊のなかでも変格、正統をはずれたものという認識にみちびきがちである。妖怪変化を連想させる変化という名称もそうした通念の形成に一役買ってきたが、そのような認識はあやまっている。舞踊をその母胎である祭りにまでさかのぼって考察すれば、変化物こそが日本の舞踊の正統であるということがあきらかになる。

序破急理論の適用

歌舞伎舞踊の構成についてはつぎのように整理することが一般的におこなわれている（『日本舞踊辞典』東京堂出版）。

序（出端）┬オキ（置唄・置浄瑠璃）　踊り手が登場するまえの舞台での唄や浄瑠璃
　　　　　└出（出端）　踊り手の登場
破（中端）┬クドキ　女役のばあいの男にたいする恋情の訴えなど
　　　　　└語り（物語）　男役のばあいの廓話や戦場物語など
急（入端）┬踊り地（または立回り・所作ダテ）　十分に踊りを見せる
　　　　　└チラシ（または段切れ）　テンポのはやい踊りでの引っこみ

この構成はあくまでも基本の構成で、オキがないばあいもあり、道行が出につくこともあり、クドキと語りのいずれか一つにとどめたり、踊り地とチラシも片方がなかったりするさまざまなバリエーションがあるという。

歌舞伎舞踊の構成をこのようにとらえる理論がいつごろ、だれによってうみだされたかはあきらかでない。歌舞伎舞踊の専門家たちのあいだにながい時間をかけて自然に発生してきた術語を整理したものであったようで、舞踊の名手として有名な七代坂東三津五郎が昭和二年（一九二七）七月の『歌舞伎研究』十四輯に掲載した「舞踊私考（三）」で、

踊りすなわち舞踊劇の一幕をつくるには、昔から種々な形式や約束があって（中

略）置、出、語り（廓話、戦話）、クドキ、踊り地、ちらし、などでこれへ景事などをとりいれて、まとめるのが約束のようであります。

といっている例などがわたしの知っているかぎりではやい。しかし、この三津五郎の文で注意したいことは、置以下の術語をただならべているだけであって、これを序破急には整理していないことである。

歌舞伎舞踊と祭り

歌舞伎舞踊の構成を序破急の三部でとらえるのは、歌舞伎舞踊の発生基盤を、歌舞伎そのものをうんだ中世の風流踊りの構成にもとめることとふかいかかわりがある。風流踊りが、出端・中端・入端の三部構造をもち、それが初期のお国の歌舞伎踊りにうけつがれて、歌舞伎全体の構成になり、さらにそれが歌舞伎舞踊の構成を決定したという考えである。こうした考えの根底には日本の祭りそのものを序破急の三部でとらえる祭りの構造論がある。

民俗学者の柳田国男が昭和十七年（一九四二）に刊行した『日本の祭』（弘文堂）という書物のなかで「籠り」と「共食」の二つを祭りの重要な構成要素とした考えは当時としてはかなりすぐれたものであった。「籠り」はせまくて暗い場所にとじこもってあたらしく誕生しなおすことであり、「共食」はそのときに来臨された神とともに供物をたべて活力を身体にとりこむことである。

この柳田の考えにしたがって、日本の祭りは、

1　神迎え

2　神と人の交流（籠りと共食）

3　神送り

の三段階をふむものとして説明されるようになった。

柳田の祭りの理論は日本の稲作文化を基礎にすえてうみだされた。稲作＝米の文化が日本のもっとも重要な文化であるという前提をみとめれば柳田理論はかなりの確率であてはまることになるが、その前提を否定して、日本の文化は稲作だけではなく、狩猟文化もあれば漁撈や採集の文化もあったし、いまもあるとかんがえると、柳田理論はきわめて不備な理論ということになる。

このような柳田の祭り観が適用される好例は、皇室の新嘗祭《しんじょうさい》や大嘗祭《だいじょうさい》である。新嘗祭は、新穀を天神、地祇にすすめて感謝し、天皇みずからも新穀を食する儀礼である。このときその穀物自体が神であり、それを食した天皇は、その穀物をとおして神の力＝祖先神を体内にとりいれて生まれかわることになる。この祭りを天皇即位後に一代一度の大祭と

宮崎県西都市の銀鏡神楽の御神屋

しておこなうのが大嘗祭である。そこでは皇室の祖霊である天照大神がつねに意識されており、新穀の共食と籠りをとおしてあたらしい天皇は先祖の霊と一体化する。あきらかに穀物に善意の精霊の存在をみとめる穀霊＝稲魂の信仰である。

しかし日本の祭りでこのように稲魂一元信仰の祭りはむしろまれで、多くは多様な文化を複合したかたちをとっている。すでに「お国歌舞伎の構造と中世民間神楽の構造」（三七頁）でとりあげた宮崎県西都《さいと》市東米良《めら》の銀鏡《しろみ》神楽をもう一度ここで例にとろう。米や雑穀などの農耕の要素のほかに狩猟文化もとりいれて複雑になっているが、それだけにかえって日本の祭りの典型構造がうかがえる。この祭りの特色をつぎの四点にまとめた。

① 神社の本社のほかに野外の舞所《まいと》（土地の人たちは御神屋《みこうや》とよんでいる）があり、神の送迎はこの二ヵ所でおこなわれる。

② 神々の送迎は一度ではなく複数回くりかえされている。

③ むかえられる神々は善神だけではなく、「荒ぶる神」つまり凶悪な神々もまじっている。

④ はじめに地方の最高神の来臨をあおぎ、その権威と加護のもとに従属神や遠方の神など、多様な神々の送迎をくりかえしている。

この四点の特色は柳田の単一型と対称的である。祭りの場所を一ヵ所とかんがえ、神の送迎は一回、むかえられる神は善神の最高神一柱だけとみるのが柳田理論であるからである。この四つの特色をそなえた祭りを大きな神の送迎のあいだに小さな神々の送迎をくりかえす④の特色に注目して入れ子型の複合構造とよぶならば、歌舞伎舞踊の最初の舞台であった慶長八年（一六〇三）のお国の京都での興行もまた複合構造であった。

これも先の「歌舞伎の形成」の章でふれたところであるが、口上に注目してお国歌舞伎の舞台を整理するとつぎのようになる。

口上・お国の登場　口上・舞踊　口上・芸能　口上・舞踊　口上・舞踊

口上・芸能　お国の退場

この構成はさきにみた銀鏡神楽の構成に一致する。口上は神を迎える迎神の儀礼に相当する。お国を最高神とするならば、大きな神々の送迎のなかに小さな神々の送迎がくりかえされる複合構造をとっていることがわかる。このお国歌舞伎の舞台運びをさらに歌舞伎舞踊の構成用語に対応させるならつぎのようになる。

登場―出端　舞踊―踊り地　芸能―クドキ・語り　退場―チラシ

一見、きれいに対応するようであるがよくみると幾つかの食い違いが出てくる。オキを踊り手の登場するまえの音楽演奏というように規定するならお国歌舞伎の舞台に明確なオキはない。しかも、お国の演じた歌舞伎舞踊の各部分が序破急の順序にしたがってそれぞれが一回ずつあらわれるというようにはなっていない。たしかに最高神のお国の登場と退場ははじめと最後に一回ずつおこなわれるが、口上を区切りにして、ほかの役者たちによる小さな登退場は複数回くりかえされ、それにともなって踊り地やクドキ・語りも複数回くりかえされている。わたしのお国歌舞伎の舞台の分析にあやまりがあるのか、それとも従来の定説となっているオキにはじまる歌舞伎舞踊構成論に問題があるのか。

大曲の「娘道成寺」を例にとってさらに検討をくわえてみよう（本文は『日本舞踊名曲事典』小学館、による）。

1　聞いたか〳〵……さらば番頭致そうか　　口上
2　月は程なく入汐の……道成寺にこそ着きにけり　　道行
3　何と皆さん……もう支度もよろしいようでございます　　問答
4　嬉しやさらば舞わんとて……真如の月を眺め明かさん　　舞踊Ⅰ（中啓の舞）
5　言わず語らぬわが心……思いそめたが縁じゃえ　　舞踊Ⅱ（手踊り）
6　梅とさん〳〵桜は……わきて言われぬな花の色え　　舞踊Ⅲ（振出し笠）

7　菖蒲かきつばたは……可愛らしさの花娘　　舞踊Ⅳ（所化の花傘踊り）
8　恋の手習いついつ見習いて……さわらば落ちん風情なり　　クドキ
9　おもしろの四季の眺めや……月のかんばせ三笠山　　舞踊Ⅴ（山づくし）
10　ただ頼め氏神さんが……花に心を深見草　　舞踊Ⅵ（手踊り）
11　園に色よく咲きそめて……裾や袂を濡らしたさっさ　　舞踊Ⅶ（鈴太鼓）
12　花の姿の乱れ髪……あれ見よ蛇体は現れたり　　中入り（鐘入り・祈り）
13　待てエエ……げにも妙なる奇特かや　　立回り（押戻し）

予想どおりに通常のオキ以下の構成理論では説明できない複雑な展開をみせている。もしオキを踊り手登場まえの歌や浄瑠璃と規定するならこの歌舞伎舞踊の代表曲にもオキはない。出端は道行にかえられ、語りは問答になっている。踊り地は複雑をきわめ、シテやワキの登退場が幾度もくりかえされている。そして最後のチラシもみとめられない。

この「娘道成寺」の構成をもし完璧に説明しようとするなら、定説になっている舞踊理論を適用することはあまり有効ではなく、むしろ舞踊の発生基盤にたちもどって、つぎのような祭りの構成論で説明したほうがよい。日本の歌舞伎舞踊の基本構成はシテの迎送のなかに複数のワキの登退場をつつみこみ、シテとワキの舞踊を中心にした芸尽しを展開するものであるというように。

歌舞伎舞踊もさかのぼればシャーマニズム系の祭祀儀礼にまでその発生をさかのぼることができる。したがってその構成も祭りの構成から説明されなければならない。

変身をひきおこす力

変化舞踊はながい古典芸能の歴史の最後にあらわれた狂い咲きのようにみえる。文化が成熟の極みに達した幕末という時代にうみだした産物のようにおもわれる。たしかに変化舞踊は歴史の産物であるが、じつはそこからは、民俗の根底にどっしりとよこたわり、あらゆる種類の芸能にはたらきかけてくる深層の精神をも確実によみとることができる。

変化舞踊の特色の重要なものは、衣装・化粧・仮面・音楽の力の極限までの酷使である。舞踊、さらには芸能一般がこれらの力をかりることなしには成立しないものであるが、これほどまでにその力を最大限に生かそうとする変化物には、そのためにかえってそれらの本質があらわに露呈している。

衣装・化粧・仮面・音楽などは、一般に芸能では変身のための装置または仕掛けとして機能している。そのことは変化舞踊においても例外ではない。舞台上における瞬時の変身を生命とする変化舞踊はすぐれてこれらの装置の助けなしには成立しない。これらの装置の本質はなにか。

変身の装置が役柄の判別に大きく貢献していることは疑問がない。舞台上に出現した役者が、男なのか女なのか、武士なのか町人なのか、かれまたはかの女はなにをかんがえ、なにをしており、どのような状況におかれているのか。そうした役柄の性質とシチュエイションの特定に、衣装以下の装置が大きく役立つことはいうまでもない。

しかし、たいせつなことは、これらの装置が変身の結果の判別に役立つだけではなく、じつは変身をひきおこす起爆装置であることである。衣装以下の助けなしに役者は変身をとげることはできない。

衣装以下の装置が役者の変身をひきおこすことができるのは、それらが本来は神祭りのさいの依代《よりしろ》であった遠い日の機能を、変化舞踊になってもひきずっているからであろう。

変化をもたらす遠い日の記憶

沖縄の神祭りでは、神に奉仕する女シャーマンのノロは、祭りに先立って山にはいり、頭や身体にクバの葉をまきつける。クバの葉は神がうごくことのなかった原初の時代には、山の活力を象徴する神そのものとして信仰されていたが、神がうごきまわる時代がきたときに、それらの神のやどる依代と観念された。衣装とか髪かたちとかいわれるものの本質

ベトナム・ハノイ郊外の母道の主役

はこのノロが身につけるクバの葉と同様に、役柄の性根のやどる依代として理解することができる。役柄がかわったから衣装や髪かたちがかわったのではなく、衣装や髪かたちがかわったから役柄がかわったのである。

化粧と仮面もべつのものではなく、やはりともに依代である。人間の顔の化粧に神がのりうつり、仮面に神がよりつく。化粧と仮面に神をよりつかせた人間は、神がかりになって神のせりふをはなし、所作を演じる。舞踊のはじまりである。

変化舞踊の音楽はたんなる伴奏音楽ではない。音楽は出現したあたらしい役柄を荘厳するために演奏されたのではなく、音楽のなかにあたらしい役柄が出現する。神が音響をたてて出現するのではなく、音響が神をまねくとかんがえれば、舞踊における音楽の役割がよく理解できる。音楽もまた依代である。

祭りにおける衣装や仮面、音楽の機能をよくしめしている実例を中国やベトナムの祭りで幾度も目にした。

中国の西のはて、広西チワン族自治区のチワン族の祭りには仮面がよく登場する。かれらの祭りではじめに神前に使用される仮面が神格にしたがってすべてならべられ、神迎えの儀礼がおこなわれる。仮面に神がのりうつるのである。祭りを主宰する巫師《ふし》たちは、祭りの進行中にこの仮面と衣装を信者たちの面前でつけかえる。そのことによって主役の神が交替し、儀礼の種類がかわったことをしめす。そのとき、演じる巫師は一人であることもあれば、複数であることもあり、出演人数の多寡に本質的な意味はない。

ベトナムの跳神（母道ともいう）とよばれるシャーマニズムの祭りでは、一人の女性シャーマンがあらかじめ神前にかさねて用意された幾通りもの衣装を信者の面前で着替え、よりつく神の種類を踊りと演技で表現する。それにともなって男性たちの演奏する音楽も多様な変化をとげる。主演の女性シャーマンはまさに芸能スターなみの扱いをうけ、ゆく先々にファンがまちうけ、クライマックスではいっしょにおどりだす。

江戸時代の歌舞伎舞踊における通常舞踊と変化舞踊の二種の区別は、まねかれる神の数の多少をしめしているにすぎず、ともに日本の祭りに遠い由来をもち、そのあいだに本質の違いはない。二つながらに歴史の産物であるとともに民俗の深層にはたらく精神の支配をうけている。

あとがき

近世をはなれて中世へ、古代へ、日本をはなれて韓国へ、中国へ、東南アジアへ、歌舞伎や人形浄瑠璃をはなれて能狂言へ、民間神楽へ、古代祭祀へと、関心のおもむくままに研究領域をひろげているが、いつかもう一度、出発点の近世の芸能史にたちもどって、これまでの研究成果を総合的に検討してみたいという願いは片時もうしなうことがなかった。

ちょうどそんな折に吉川弘文館の編集部から「歴史文化ライブラリー」の執筆の依頼をうけて『歌舞伎の源流』という題名をいただいた。まさに私の願いをそのまま実現したようなテーマであり、依頼であった。それだけに本書の執筆は私にとってたのしい作業であった。さっそく勤務先の大学の講義にくみいれて、平成十年度、十一年度の二年間にわたっておこなった講義内容をまとめあげたのが本書である。

心がけたことは、総論的、原則的、本質的な問題に叙述をかぎったことである。そのために、作品論、作者論などのこまかな分野にたちいることは意識的にさけ、どうしても必要なばあいでも最小限にとどめた。歌舞伎の脚本の素材には中国文学に典拠をもつものがかなりある。それらを源流にまでさかのぼってみることも、それはそれとして興味のひかれる研究テーマであるが、現時点ではせまい迷路をうろつくことになる恐れが多分にある。そうした配慮の結果、本書は芸能としての歌舞伎の本質にせまることができたと自負している。

日本の近世の歌舞伎を論じるのに中国や韓国の民俗祭祀の事例をもちこむことに違和感をもつ読者がおられるかもしれない。しかし本書の随所で力説しているように、芸能の研究は時所を限定した史実とその史実をささえる深層の精神と、両面を総合することによってはじめて成立する。深層の精神は芸能の普遍的性格をしめし、史実は芸能の独自性を表現している。

史実の助けなしに深層精神はとらえられないが、深層精神の助けなしに史実がその意味をあきらかにすることもない。このような永遠の循環論の矛盾を一挙に突破する鍵が中国や韓国の民俗事例である。

私が祭祀論や芸能論をくみたててゆくときの、アーキータイプとして重要視しているのが、中国の長江流域の少数民族のあいだにおこなわれている来訪神儀礼である。長江中流の湖南省にはじまったこの民俗儀礼は長江にそって西へ伝来し、東南アジアを経て、縄文時代晩期までには沖縄に到達していた。そして沖縄を経由して本土日本にひろがり、その末端ははるか東北秋田のナマハゲ行事として今日につたえられている。

一九九一年十月二十一日、湖南省古丈県龍鼻咀《りゅうびそ》でトゥチャ族の演じるこの儀礼にであったことは私の学問にとって大きな幸運であった。そののち、すくなくとも八つの同系統の儀礼を貴州省、雲南省、広西チワン族自治区、四川省などでみることができた。

この中国の来訪神儀礼がヒントになって、うごく神、うごかぬ神、非人格神、人格神、この四つのキーワードで日本の祭りと芸能の体系が構築できるのではないかという構想を私はもつようになった。

うごかない神は主として日本の縄文時代の神々である。物体に本拠をもち、そこからはなれることはない。動物、植物、海、山、川などに内在していると信じられており、本拠の物体がうごくときには神もうごくが、神だけで独立してうごくことはない。

うごく神は主として日本の弥生時代以降の神である。物体の本拠をもたずに自由にうごきまわる神である。この段階になって神は不可視の存在になり、眼にみえるようにするために依代が誕生した。うごく神ははじめは非人格神としてたちあらわれ、祖先信仰の浸透につれて人格をそなえるようになった。このうごく神が稲魂信仰や仏教の影響で、再度、うごかない存在と観念される。

日本の祭りと芸能はこの各段階の神々と対応しながら基本の構造をかえてゆく。いまそんな考えをあたためている。本書はその構想の一環である。

『日中比較芸能史』にはじまって、『日本の祭りと芸能』、本書『歌舞伎の源流』と、比較芸能史にかかわる書物を三冊まで刊行していただいた吉川弘文館にたいし心から御礼を申しあげます。

二〇〇〇年二月二十五日

諏訪春雄

著者紹介

一九三四年、新潟県に生まれる
一九六一年、東京大学大学院博士課程修了
現在、学習院大学文学部教授

主要著書

折口信夫を読み直す　歌舞伎の方法　近世芸能史論　聖と俗のドラマツルギー　日中比較芸能史　日本人と遠近法　日本の祭りと芸能　日本の幽霊

歴史文化ライブラリー
96

歌舞伎の源流

二〇〇〇年（平成十二）六月一日　第一刷発行

著　者　諏《す》訪《わ》春《はる》雄《お》

発行者　林　英男

発行所　株式会社 吉川弘文館
東京都文京区本郷七丁目二番八号
郵便番号一一三―〇〇三三
電話〇三―三八一三―九一五一〈代表〉
振替口座〇〇一〇〇―五―二四四
印刷＝平文社　製本＝ナショナル製本
装幀＝山崎　登

歴史文化ライブラリー

1996.10

刊行のことば

現今の日本および国際社会は、さまざまな面で大変動の時代を迎えておりますが、近づきつつある二十一世紀は人類史の到達点として、物質的な繁栄のみならず文化や自然・社会環境を謳歌できる平和な社会でなければなりません。しかしながら高度成長・技術革新にともなう急激な変貌は「自己本位な刹那主義」の風潮を生みだし、先人が築いてきた歴史や文化に学ぶ余裕もなく、いまだ明るい人類の将来が展望できていないようにも見えます。このような状況を踏まえ、よりよい二十一世紀社会を築くために、人類誕生から現在に至る「人類の遺産・教訓」としてのあらゆる分野の歴史と文化を「歴史文化ライブラリー」として刊行することといたしました。

小社は、安政四年（一八五七）の創業以来、一貫して歴史学を中心とした専門出版社として書籍を刊行しつづけてまいりました。その経験を生かし、学問成果にもとづいた本叢書を刊行し社会的要請に応えて行きたいと考えております。

現代は、マスメディアが発達した高度情報化社会といわれますが、私どもはあくまでも活字を主体とした出版こそ、ものの本質を考える基礎と信じ、本叢書をとおして社会に訴えてまいりたいと思います。これから生まれでる一冊一冊が、それぞれの読者を知的冒険の旅へと誘い、希望に満ちた人類の未来を構築する糧となれば幸いです。

吉川弘文館

〈オンデマンド版〉
歌舞伎の源流

On Demand
歴史文化ライブラリー
96

2017年（平成29）10月1日　発行

著　者　諏《す》訪《わ》春《はる》雄《お》
発行者　吉　川　道　郎
発行所　株式会社　吉川弘文館
〒113-0033　東京都文京区本郷7丁目2番8号
TEL　03-3813-9151〈代表〉
URL　http://www.yoshikawa-k.co.jp/

印刷・製本　大日本印刷株式会社
装　幀　清水良洋・宮崎萌美

諏訪春雄（1934～）

ISBN978-4-642-75496-5